Wie man wahre Liebe findet

Daphne Rose Kingma

Wie man wahre Liebe findet

Die vier grundlegenden Schlüssel,
mit denen Sie die große Liebe
Ihres Lebens entdecken können

Aus dem Englischen von
Manfred Miethe

Integral

Für Esmé,
die wirklich daran glauben muß,
daß sie sich wahrhaftig verlieben kann,

und

für Molly,
die sich auf so wunderbare Weise
verliebt hat.

Die Originalausgabe erschien 1996 unter dem Titel
«Finding True Love» bei Conari Press, 2550 Ninth Street,
Suite 101, Berkeley, CA 94710, USA

Erste Auflage 1997
Copyright © 1996 by Daphne Rose Kingma.

Inhalt

Der Pfad,
der zur Liebe führt

*M*it Liebe bezeichnen wir die Erfahrung eines gewaltigen emotionalen und spirituellen Erwachens in die grenzenlose Glückseligkeit hinein – hin zur wahren Bestimmung unserer Seele. Wenn wir uns verlieben, fühlen wir uns weder von dem Menschen, den wir lieben, getrennt noch von allen anderen – zumindest eine Zeitlang. Dieses transzendente, strahlende, wunderbare Gefühl der Liebe wünschen wir uns sehnlichst; nach ihm verzehren wir uns voller Leidenschaft; wenn es in unser Leben eintritt, erfüllt es uns wie kein anderes. Die Liebe ist eine Zufluchtsstätte für unsere Seele, ein Bad des Mitgefühls für unsere Emotionen, eine friedliche Wiese, auf der wir uns unseren schönsten Hoffnungen und Träumen hingeben können.

Dieses Buch weist Ihnen den Weg zu dieser Liebe; es ist ein Leitfaden, der die spirituellen und emotionalen Vorbereitungen beschreibt, die Sie treffen müssen, um die Liebe in Ihr Leben zu locken: Liebe, die Herrliche; Liebe, die Wunderbare; Liebe, die Süße, Gütige und Behütende. So wie der Verehrer nicht erscheinen wird, wenn sich niemand nach ihm sehnt, so wie sich die

Geliebte nicht zeigen wird, wenn sich niemand nach ihr verzehrt, so wird auch die Liebe nicht zu uns kommen, wenn sie nicht eingeladen wird. Damit die Liebe in Gestalt eines Freundes oder Lebenspartners zu uns kommt, um Gefühle und Seele mit uns zu teilen, und eines Körpers, um uns zu trösten und uns in ekstatischer Leidenschaft zu erregen, müssen wir um sie bitten, bewußt auf sie warten und sie ausdrücklich einladen.

Dieses Buch ist als Ermutigung und Inspiration gedacht, als Leitfaden, um Ihnen zu helfen, ihr Herz und Ihre Seele auf das Eintreffen der großen Liebe Ihres Lebens vorzubereiten. Es ist ein Praxisbuch, denn es geht von der Voraussetzung aus, daß Sie aktiv werden müssen, wenn Sie die Liebe in Ihr Leben lassen wollen, und daß das Universum Ihnen Liebe nur in dem Maß gewähren wird, in dem Sie bereit sind, sie zu empfangen. Sie werden herausfinden, welche Schritte dazu nötig sind.

Es gibt sicherlich viele verschiedene Gründe, warum Sie noch immer nach Liebe suchen. Einige Ursachen sind offensichtlich, andere hingegen sind schwer zu durchschauen und werden von uns normalerweise gar nicht in Betracht gezogen. Sie werden in diesem Buch alle hindernden Faktoren kennenlernen und Ihr Bewußtsein erweitern können: Wenn Sie bisher die Liebe immer irgendwie verpaßt und zugesehen haben, wie sich andere verlieben, werden Sie jetzt die Fähigkeit entwickeln, Ihre wahre Liebe zu finden.

Dieses Buch wird Sie mit auf eine Reise gründlicher Selbsterforschung nehmen, die von Ihnen fordert, innezuhalten und ernsthaft über Ihr Leben nachzudenken. Manchmal werden Sie sich fragen, was Selbsterforschung mit dem Sich-Verlieben zu tun hat, an anderer Stelle hingegen wird Ihnen der Zusammenhang klar sein. Aber ganz gleich, ob Sie den Bewußtseinsprozeß in jedem Augenblick verstehen können, wird er Ihnen helfen, wenn Sie noch niemanden gefunden haben, den Sie lieben können. Dieser Prozeß ist so aufgebaut, daß er Sie direkt zu den Aspekten Ihres Selbst führt, in denen die Schlüssel zur Liebe verborgen liegen. Wenn Sie sich mit diesem Buch beschäftigen, sollten Sie sich daher Zeit lassen und sich ein Herz fassen, denn jedes Stückchen Selbsterkenntnis – sei sie nun schwer zu verkraften oder angenehm – wird Ihnen die Liebe näherbringen.

Wir glauben häufig, daß die Suche nach Liebe darin besteht, Kontaktanzeigen zu beantworten, Single-Bars aufzusuchen oder eine Heiratsvermittlung in Anspruch zu nehmen. Die genannten Dinge haben natürlich alle ihre Berechtigung, aber der wichtigste Teil der Vorbereitung auf die Liebe findet im Innern statt und wird normalerweise vernachlässigt. Wahre Liebe – also eine Liebe, die tief und echt ist und ein Leben lang andauert – wird nicht aufgrund äußerer Aktivitäten zu Ihnen kommen, sondern weil Sie die psychischen und spirituellen Barrieren überwunden haben, die bisher verhindert haben, daß die Liebe zu Ihnen kommen konnte.

Denn obwohl es die meisten von uns nicht wissen, stehen uns bei der Suche nach Liebe diese inneren Schranken weit mehr im Wege als die äußeren Umstände. Daher stelle ich in diesem Buch die vier Schlüssel zur wahren Liebe vor: Glaube, Intention, Vertrauen und Hingabe.

Jeder dieser vier Schlüssel repräsentiert eine spirituelle Einstellung, die Sie für die Liebe öffnen wird – wenn Sie sie nach und nach in Ihr Leben integrieren. Zu jedem Schlüssel gehört eine Reihe von Schritten, welche die betreffende Einstellung in die Praxis umsetzen. Manche davon sind psychologischer Natur und werden Ihnen Türen zu Ihrer Vergangenheit öffnen und alte Wunden heilen, andere werden Sie mit Ihrer Hoffnung in Kontakt bringen. Einige machen Sie mit der spirituellen Dimension Ihres Lebens vertraut, während andere Ihnen dabei helfen werden, realistischer zu werden. Während Sie lesen, die Übungen ausführen und die dargestellten Prinzipien in Ihr Leben integrieren, werden Sie nicht nur herausfinden, was Sie von der Liebe eigentlich erwarten, sondern auch, was Sie dazu beitragen können, daß die Liebe zu Ihnen kommt.

Sie werden diese Einstellungen und Verhaltensweisen vielleicht widersprüchlich finden, da es hier manchmal sowohl ums Tun als auch ums Nichttun derselben Dinge geht: So sollen Sie sich einerseits mehr anstrengen *und* andererseits aufgeben, gleichzeitig festhalten *und* loslassen. Nicht oft sehen wir das Leben auf diese Weise an, und ganz besonders dann nicht, wenn wir ein bestimmtes Resultat erreichen wollen. Dann neigen wir dazu, uns für die Verhaltensweisen zu entscheiden, die entweder in die eine oder in die andere Kategorie fallen. Aber in Wahrheit sind die Dinge in der Welt der Liebe, der Seele und der Gefühle immer paradox. Sie funktionieren außerhalb der Gesetze von Logik, Cleverness, Vernunft und des gesunden Menschenverstandes und erfordern nicht nur eine Korrektur unserer üblichen Verhaltensweisen, sondern auch vieler geistiger Einstellungen, an denen wir, oft ohne es zu wissen, festhalten.

Diesem Buch liegen bestimmte Thesen zugrunde, die, wie ich glaube, für unsere Suche nach Liebe bestimmend sind. Die erste These besagt, daß wir von Liebe umgeben sind. Wie die Luft, die wir atmen, ist Liebe das Element, in dem wir existieren, und in diesem großen Meer der Liebe, das uns umgibt, wartet irgendwo ein Mensch darauf, sich in uns zu verlieben.

Das Erkennen der Allgegenwart der Liebe ist die wichtigste Voraussetzung, um sich zu verlieben. Dies läßt sich mit dem Pflücken einer Frucht von einem Baum vergleichen. Wenn Sie jemals unter einem Kirschbaum gestanden haben, der rot von Früchten war, wissen Sie, daß Sie nur den Arm ausstrecken und die Hand öffnen müssen, damit Ihnen eine reife Kirsche hineinfällt. So ist es auch mit der Liebe: Sie ist im Überfluß vorhanden und überreif; sie wartet nur darauf, daß wir unsere Hand nach ihr ausstrecken und sie ergreifen. Aber wenn Sie nicht daran glauben, daß Sie von Liebe umgeben sind, werden Sie auch nicht an ihr teilhaben können.

Die zweite These besagt, daß Liebe unsere wahre Natur ist. Wer sich nicht im Zustand der Liebe befindet, in der glückseligen Verbindung zu einem und letztlich zu allen Menschen, mißachtet seine Seele. Für uns als Seelen ist die einzig sinnvolle Tätigkeit zu lieben. Wir suchen nach jeder Art von Liebe auf den höchsten und auf den gewöhnlichsten Ebenen, weil unsere wahre Aufgabe darin besteht zu lieben.

Die dritte These besagt, daß es in der Macht eines jeden von uns steht zu lieben. Wir alle sind fähig, zu lieben und geliebt zu werden. Bei einigen von uns ist diese Fähigkeit hochentwickelt und strahlt auf andere Menschen aus. Bei anderen ähnelt sie einem alten Stück Silberschmuck, das poliert und wieder einmal getragen werden muß. Aber weil Liebe die wahre Bestimmung unserer

Seele ist, besitzt jeder von uns ein gewisses Maß dieser großartigen Liebesfähigkeit. In uns allen schwelt der Funke der Liebe und wartet darauf, entzündet zu werden – ganz gleich, ob es sich dabei um eine einzelne Schneeflocke oder um eine ganze Schneelawine, um ein winzig kleines Bißchen oder um ein riesiges Vermögen handelt.

Das wahre Wesen des Verliebens besteht nicht darin, etwas zu werden, das wir nicht sind, oder eine Belohnung zu bekommen, die wir nicht verdient haben. Statt dessen geht es darum, die Schichten des Schutzes und des Widerstands abzulegen, die uns bisher niedergedrückt und daran gehindert haben, uns unseres wahren Wesens bewußt zu werden.

Da es in unser aller Macht steht zu lieben und da dies unsere eigentliche Lebensaufgabe ist, ist es unsere vordringlichste Pflicht, alles beiseite zu räumen, was uns daran hindert zu lieben. Wenn diese Hindernisse emotionaler Natur sind, ist es erforderlich, daß wir die Wunden heilen, die unausweichlich durch die Erfahrungen in der Familie entstanden sind. Sie können aber auch spiritueller Art sein und sich darin äußern, daß wir nicht wirklich an die Möglichkeit der Liebe glauben oder noch nicht oft genug eine tiefe Verbindung zu einem anderen Menschen erlebt haben, um zu glauben, daß es auch für uns Liebe geben könnte.

Hindernisse können aber auch durch äußere Umstände bedingt sein, wenn Sie sich beispielsweise einen bestimmten Lebensstil angewöhnt haben, der es Ihnen unmöglich macht, die Liebe zu erkennen, selbst wenn sie direkt vor Ihnen stünde. Die Liebe Ihres Lebens zu finden ist ein Prozeß, der darin besteht, all die Verkrustungen abzustreifen, die Sie daran hindern, die wahre Sehnsucht Ihres Herzens zu verwirklichen.

Die große Liebe, die Sie von allen Seiten umfängt und in der Gestalt eines Menschen zu Ihnen kommen möchte, wird dies erst dann tun, wenn Sie sich auf sie konzentrieren. Große Künstler, Schriftsteller, Musiker und Schauspieler, ebenso wie große spirituelle Meister und führende Persönlichkeiten aus Politik und Wirtschaft haben ihre Meisterschaft nicht erreicht, indem sie ihre Kraft verschwendet haben, sondern indem sie alle Ablenkungen ausschlossen und sich auf das Erreichen ihres Ziels konzentrierten. Sie glaubten daran, daß das, was sie sich von Herzen wünschen, auch wirklich zu ihnen kommen würde. Dasselbe gilt auch für Sie. Deshalb habe ich das Buch so aufgebaut, daß es Ihnen vor allem dabei hilft, den Mittelpunkt Ihrer Handlungen zu finden.

Wenn Sie jetzt anfangen zu lesen, bitte ich Sie, in diesen Prozeß mit der Gewißheit einzutreten, daß alles, was Sie in Ihrem Leben bisher erfahren haben, die Vorbereitung für diesen Augenblick war. Alle Dramen und Traumata, die Sie mit Ihrer Familie erlebt haben, alle Ihre vergangenen Beziehungen – mögen diese nun erfüllt oder schwierig gewesen sein – haben Sie auf die Partnerschaft vorbereitet, nach der Sie nun suchen. Hätten Sie nicht alles erlebt, was Ihnen widerfahren ist, wären Sie nicht der Mensch, der Sie jetzt sind, und Sie wären nicht in der Lage, die Liebe in der besonderen Form anzunehmen, in der sie zu Ihnen kommen wird.

Das gilt auch für den Menschen, der sich als die große Liebe Ihres Lebens herausstellen wird. Auch er hat einen langen Weg der Vorbereitung hinter sich, der ihn irgendwann zu Ihnen führen wird. Wenn Sie es auf diese Weise betrachten, war nichts, was jeder von Ihnen bisher getan hat, ein Fehler oder Zeitverschwendung, denn alles diente dazu, Sie beide auf den Augenblick Ihrer Begegnung vorzubereiten.

Denken Sie stets daran: Sie werden auf jemanden vorbereitet, der seinerseits auf Sie vorbereitet wird. Und wenn Sie dann beide zur selben Zeit am selben Ort eintreffen, wird dieser wunderbare Augenblick der Höhepunkt all Ihrer Vorbereitungen sein.

Dieses Buch soll Ihnen helfen, die Vorbereitungsphase zu einem bewußt ausgeführten Unterfangen zu machen. Ich wünsche Ihnen eine heilende Reise mit vielen Einsichten und eine ganz wunderbare Liebe, mit der Sie den Rest Ihres Lebens teilen können.

SCHLÜSSEL I

Glaube

Der Meister sprach:
Ein Mensch ohne Glauben?
Ich weiß nicht, was mit einem solchen
    zu machen ist.
Ein großer Wagen ohne Joch,
ein kleiner Wagen ohne Kummet,
wie kann man den voranbringen?   *Konfuzius*

*G*lauben heißt, von der Existenz des Unsichtbaren auszugehen. Der Glaube ist eine stille, doch felsenfeste Überzeugung, daß das, was Sie sich wünschen, irgendwann, irgendwo und irgendwie wahr werden wird – auch wenn Sie sich nicht vorstellen können, auf welche Weise. Der Glaube ist eine spirituelle Einstellung, die Ihnen folgende Gewißheit schenkt: Trotz allem, was Ihnen jetzt gerade widerfahren mag, ist es möglich, daß etwas völlig anderes geschieht. Alles kann sich verändern.

Durch den Glauben besitzen wir ein Wissen, das jenseits der Vernunft liegt, hegen wir Gefühle, die jeder Logik trotzen, und entspannen wir uns, auch wenn uns der gesunde Menschenverstand deswegen für verrückt hält. Der Glaube ist ganz ruhig und still. Er läuft nicht herum und posaunt seine Hoffnungen hinaus. Er entsteht in den zarten Räumen Ihres inneren Wesens, in denen Ihnen der Lärm, die Hetze und die Anforderungen des täglichen Lebens nichts anhaben können. Der Glaube ist die Stille in der Kathedrale und die Ruhe im Zentrum des Orkans. Hier können Sie in der Gewißheit ruhen, daß sich etwas Neues und Wunderschönes ereignen wird.

Der Glaube klammert sich nicht an bestimmte Resultate und geht nicht davon aus, daß das, was Sie sich wünschen, auf eine bestimmte Weise genau zu dem ersehnten Zeitpunkt wahr werden wird. Er gleicht eher der alles beherrschenden Überzeugung, daß sich Ihr Leben einem Plan gemäß entfaltet, der schon vor Ihrer Geburt existierte.

Manchmal mag uns der Glaube als eine schwache, übermäßig optimistische Einstellung erscheinen, an der wir entgegen jeder Vernunft festhalten. Aber in Wirklichkeit ist der Glaube die Kraft der Seele, die sich auf diese Weise nach außen ausdrückt. Der Glaube hat erkannt, daß wir Seelen sind, ewige Wesen, deren Existenz schon vor diesem Leben begonnen hat und die weiterbestehen werden, wenn dieses Leben vorbei ist. Der Glaube weiß, daß das, was er weiß, wahr ist – ganz gleich, was die Welt oder die eigenen Zweifel Gegenteiliges dazu sagen mögen.

Es ist Glaube, wenn die Eltern eines todkranken Kindes sagen: «Wir wußten, das neue Verfahren würde wirken, obwohl die Chancen 10 000 zu 1 standen.» Wer glaubt, sagt auch Dinge wie: «Alles, was geschieht, hat seinen Grund.» «Alles, was wir brauchen, wird zu uns kommen.» «Wunder geschehen tatsächlich.» Und: «Ich *werde* den Menschen meiner Träume finden!»

Offensichtlich ist keiner dieser Sätze so stark wie die Eisenträger, die eine Autobahnbrücke halten, aber dennoch sind sie für den, der daran glaubt, wahr. Wer glaubt, ist absolut davon überzeugt, daß der Glaube unser Leben mehr als alles andere bestimmt, daß er unsere Gefühle ändert und uns zu unserer wahren Bestimmung führen wird.

Der Glaube an die Liebe geht davon aus, daß es für jedes Leben einen großen Plan gibt und daß letzten Endes alles gut ausgehen wird, auch wenn wir nicht wissen, auf welche Weise. Er begreift, daß überraschende Wendungen befriedigender sind als das, was wir selbst planen, und daß die Liebe die höchste Macht und die köstlichste Erfahrung der Welt ist. Glaube findet seine höchste Glückseligkeit im Vertrauen darauf, daß wir alles bekommen werden, was wir brauchen, und daß wir tatsächlich einen Menschen finden werden, den wir lieben können.

1
Glauben Sie daran,
daß die Liebe auf Sie wartet

Wenn Sie sich seit Jahren in das stille Kämmerlein Ihres Single-Daseins verzogen haben und heimlich den gut aussehenden Mann von gegenüber beobachten, der Sie noch nicht einmal bemerkt hat; wenn Sie einen Beruf haben, dessen überwältigende Anforderungen Ihnen keine Zeit für ein Privatleben lassen; wenn alle Ihre Freunde verheiratet sind und Sie sich wie der einzige Mensch auf der ganzen Welt vorkommen, der noch nicht den richtigen Partner gefunden hat, dann glauben Sie möglicherweise, daß es für Sie niemals die große Liebe geben wird.

Wenn dies auf Sie zutrifft, dann müssen gerade Sie anfangen, daran zu glauben, daß irgendwo tatsächlich die Liebe auf Sie wartet. Niemand verliebt sich, wenn er nicht tief in seinem Inneren daran glaubt, daß auch für ihn eine wunderschöne Liebe möglich ist. So wie niemand nach Paris fahren kann, wenn er nicht daran glaubt, daß Paris überhaupt existiert, so müssen wir auch daran glauben und es uns vorstellen, daß es möglich ist, sich zu verlieben.

Was wir uns vorstellen können, kann auch Wirklichkeit werden. In beinahe jeder Biographie erfolgreicher Unternehmer lesen wir, daß sie allen Umständen zum Trotz daran glaubten, daß sie eines Tages Erfolg haben würden, und daß sie die Vision einer Zukunft hatten, die in der Gegenwart noch nicht zu erkennen war. Für uns ist das nicht anders. Das, was sich in unserem Leben manifestiert, tritt ein, weil wir bewußt oder unbewußt daran glauben, daß es möglich ist, ganz gleich, ob es sich dabei um einen besseren Job, ein neues Auto oder um die große Liebe handelt. In bezug auf die Liebe scheint es fast so, als gäbe es dort oben im Himmel einen großen Supermarkt, dessen Slogan ist: «Wir würden uns freuen, Ihnen einen ganz besonderen Menschen liefern zu dürfen. Normalerweise führen wir zwar keine Männer und Frauen, aber wenn Sie darum bitten, werden wir alles tun, Ihnen denjenigen zu schicken, der für Sie wie gemacht ist.»

Als Vorbedingung dafür, daß die Liebe jemals zu Ihnen kommt, müssen Sie allerdings daran glauben, daß es irgendwo einen Menschen aus Fleisch und Blut gibt, den Sie lieben können. Wenn Sie daran glauben, wird es wahr werden; tun Sie das aber nicht, wird es auch niemals geschehen. Dann könnte der Mensch, der Ihre große Liebe ist, sich direkt vor Sie stellen und Ihnen in die Augen schauen, und Sie würden sich entschuldigen und so schnell wie möglich in die andere Richtung davoneilen.

Es scheint keine große Sache zu sein, daran zu glauben, daß es tatsächlich für jeden von uns eine große Liebe gibt, aber viele von uns hegen den nagenden Zweifel, daß diese wunderbare Sache namens Liebe wirklich uns geschehen könnte. Vielleicht hatten Sie schon 24 miese Beziehungen, oder Ihr Verlobter starb bei einem Autounfall; möglicherweise glauben Sie daran, daß Sie nicht hübsch, klug oder erfolgreich genug sind; womöglich sind Sie so schüchtern, daß Sie sich nicht einmal vorstellen können, ein Gespräch zu führen, an das sich eine Beziehung anknüpfen könnte.

Erinnern Sie sich an Aschenputtel? Sie mußte auf dem Boden schlafen und ihrer gemeinen Stiefmutter und ihren Stiefschwestern hinterherräumen. Sie hätte nicht im Traum daran gedacht, daß ausgerechnet sie, die zerlumpte Putzmagd, sich jemals verlieben würde.

Aber irgendwo tief in ihrem Inneren hatte sich Aschenputtel den rechten Glauben bewahrt, denn als die gute Fee kam, war sie für alle Möglichkeiten offen. Sie war auf einer ganz tiefen Ebene dafür bereit, daß ihr etwas Gutes widerfahren könnte, denn als es geschah, lief sie nicht davon. Wir könnten sogar sagen, daß es ihr Glaube war, ihre innere Überzeugung, die die gute Fee, die gläsernen Pantoffeln und auch den Prinzen erschuf.

Sie alle manifestierten die Möglichkeit der Liebe, an die sie in ihrem tiefsten Inneren bereits geglaubt hatte. Sie vertraute der guten Fee, akzeptierte, daß sich ein Kürbis in eine Karosse verwandeln kann, und schlüpfte voller Vertrauen in die gläsernen Pantoffeln. Sie sagte nicht: «Ach du meine Güte, wie soll ich denn in denen gehen? Die werden doch sofort in tausend Scherben zerspringen, wenn ich sie anziehe!» Nein, sie stand der Angelegenheit ganz offen gegenüber, denn tief in ihrem Inneren hatte sie bereits gesagt: «Ich glaube daran, daß Wunder möglich sind, und wenn eines geschieht, werde ich nicht davonlaufen, sondern zulassen, daß mir die Wunder der Magie zuteil werden.»

Wenn Sie nicht an gute Feen glauben, werden Sie auch niemals eine sehen. Und wenn Sie nicht an die Liebe glauben, werden Sie diese ebenfalls nie kennenlernen.

Der erste Schritt, den Sie daher tun müssen, besteht darin, Ihr Herz zu öffnen und daran zu glauben, daß es auch für Sie einen Menschen gibt, der Ihnen bestimmt ist. Dieser Mensch gleicht einem wunderschönen Vogel, der um die Erde fliegt und auf die Einladung wartet, in Ihrem Garten zu landen und zu Ihnen zu sagen: «Da bin ich. Ich habe deinen Ruf vernommen. Ich bin umhergeflogen und habe auf den Augenblick gewartet, in dem du mich einladen würdest, auf deinem

Baum zu landen und dich mit meinem Lied zu verzaubern, damit auch dein Herz singen kann.»

Eine zweifache Aufgabe

An die Liebe zu glauben setzt die Lösung zweier Aufgaben voraus. Erstens müssen Sie daran glauben, daß es eine Energie wie die Liebe überhaupt gibt, und zweitens, daß Liebe in der Gestalt eines bestimmten Menschen zu Ihnen kommen wird. Die Liebe ist eine ungeheuer machtvolle Energie, die uns ständig umgibt und nur darauf wartet, daß sie menschliche Gestalt annehmen darf. Aber wenn Sie nicht an die Existenz dieser Energie glauben, werden Sie auch nie das für Sie bestimmte Maß erleben können. Liebe wird für Sie immer nur eine abstrakte Idee bleiben.

Wenn Sie aber anfangen, zu sich selbst zu sagen: «Ich weiß, daß Liebe vorhanden ist. Ich weiß, daß sie die größte Macht der Welt ist, und ich möchte meinen Teil bekommen», wird etwas ganz Wunderbares geschehen: Sie werden der Liebe an jeder Ecke begegnen; Sie werden sie in den Augen eines jeden Menschen sehen, den Sie treffen; Sie werden sie in zu Herzen gehenden Momenten mit Fremden erleben und in innigen Augenblicken mit Freunden. Und wenn Sie ganz gezielt um Liebe bitten und daran glauben, daß sie zu Ihnen kommen wird, werden Sie sie auch in

der Gestalt eines bestimmten Menschen wahrnehmen, in den Sie sich bis über beide Ohren
verlieben.

Der Glaube an die Liebe ist aber mehr als nur
ein vages, undefinierbares Gefühl, daß sie irgendwo dort draußen existieren könnte. Er ist eher die
machtvolle, fein herausgearbeitete und hochent-
wickelte Überzeugung, daß die Liebe ganz speziell auf Sie wartet, und daß es den Menschen
Ihrer Träume, der Ihr wunderschönes Gegenstück
ist und der Sie nähren, erregen, entzücken und
erfüllen kann, tatsächlich gibt.

Der Unterschied zwischen der Art von Glauben, von der ich hier spreche, und der passiven
«Möglich wäre es ja schon!»- Art von Hoffnung,
die Sie vielleicht hegen, besteht darin, daß Sie im
ersteren Fall davon überzeugt sind, daß Ihnen dieses magische Erlebnis tatsächlich zuteil werden
wird. Wenn Sie einen Menschen aus Fleisch und
Blut lieben möchten, müssen Sie wirklich daran
glauben, daß es irgendwo ein solches Geschöpf
gibt und daß es sich ebenso nach Liebe sehnt, wie
Sie es tun. Statt nur zu sagen: «Irgendwann wird
schon jemand auftauchen!», was in der Welt der
Seele gleichbedeutend mit Aufgeben ist, müssen
Sie verkünden: «Ich bin der festen Überzeugung,
daß es einen solchen Menschen gibt und daß er
ganz sicher in mein Leben treten wird!»

Vor vielen Jahren unterhielt ich mich mit einer

Frau, die damals, als wir beide gerade frisch verheiratet waren, in Washington D.C. in demselben Mietshaus lebte wie ich. Eines Tages, als wir Tee tranken, sagte sie: «Ich habe mir immer Sorgen gemacht, daß sich nie jemand in mich verlieben könnte und mich heiraten würde, weil ich nicht hübsch bin. Aber als ich eines Tages in der Küche meiner Mutter war, sah ich all diese alten Töpfe und Pfannen, und mir wurde klar, daß es für jeden zerbeulten Topf auch einen zerbeulten Deckel gibt. Also machte ich mir keine Sorgen mehr darüber, ob ich hübsch genug wäre, denn ich wußte, daß irgendwo dort draußen genau der Richtige auf mich wartete, ein Mensch, dessen Unvollkommenheit die meine perfekt ergänzen würde.»

Ich erinnere mich so deutlich, als ob es erst gestern gewesen wäre, daß genau in dem Augenblick, als sie ihre Geschichte zu Ende erzählt hatte, ihr reizender Ehemann nach Hause kam. Es war ihr Glaube gewesen, der es ihr selbst angesichts ihrer Schwachstellen ermöglicht hatte, sich der Liebe zu öffnen – und das ermöglichte ihrem Mann, sie zu finden.

Das gilt auch für Sie. Es gibt nicht nur einen zerbeulten Deckel für jeden zerbeulten Topf, sondern auch einen König für jede Königin und einen Spiegel für jedes Gesicht, das es wagt hineinzuschauen. Jedes Herz und jede Seele, die sich nach Liebe sehnt, hat ihr Gegenstück. Wenn Sie sich verlieben möchten, glauben Sie einfach an die Liebe, denn dann wird sie ganz sicher zu Ihnen kommen.

So funktioniert der Glaube

Viele von uns bekommen im Leben Dinge geschenkt, die scheinbar wie aus heiterem Himmel auftauchen. Wir schließen ganz unerwartet Freundschaft oder bekommen ohne Ankündigung einen neuen Job. Wir gewinnen einen Urlaub auf einer traumhaften Tropeninsel oder erben plötzlich ein kleines Vermögen. Was hier geschieht, scheint zunächst nichts mit Glauben zu tun zu haben, aber das stimmt nur, wenn wir es oberflächlich betrachten.

Neulich erzählte mir der Mann von der Telefongesellschaft, daß er und seine Frau seit Jahren davon geträumt hatten, ihr Haus in der Wüste aufzugeben und in eine Stadt an der Küste zu ziehen. Eines Abends, als er von der Arbeit nach Hause kam, erzählte er seiner Frau, daß man ihm einen Job in der Stadt ihrer Träume angeboten hatte. Da er sich sofort entscheiden mußte, hatte er die Stelle angenommen.

Obwohl sich seine Frau Sorgen machte, war sie ebenso aufgeregt wie er. Schließlich war dies die Erfüllung ihrer Träume, das, was beide seit Jahren gewollt hatten. Aber wie sollten sie die neue Situation bewältigen? Sechs Monate lang arbeitete der Mann in der Stadt, während seine Familie zunächst zurückblieb. Manchmal waren er und seine Frau nahe daran aufzugeben, denn die neue Stadt war teuer, und sie fingen an, sich zu fragen, ob sie sich dort jemals ein Haus würden leisten können.

Als er eines Abends zurück in die Wüste fuhr, um das Wochenende mit seiner Frau zu verbringen, mußte er die Autobahn verlassen, um zu tanken. Während er auf einer Nebenstraße im Dunkeln dahinfuhr, sah er ein herrliches altes Haus, in dessen Garten ein Schild mit der Aufschrift «Zu verkaufen» stand. Er hielt an und klopfte an die Tür, und obwohl es schon spät war, bat ihn die Besitzerin, eine charmante alte Dame, herein. Ihm gefiel das Haus sofort, und sie war so glücklich darüber, daß sich jemand für das Haus interessierte, der es wirklich zu schätzen wußte, daß sie sogar mit dem Preis herunterging und es ihm noch am selben Abend verkaufte. Wie er mir erzählte, leben er und seine Frau noch immer dort, und ihre beiden Söhne verbrachten dort eine glückliche Kindheit.

Die Geschichte des Paares, das sein Traumhaus in seiner Traumstadt fand, ist ein Beispiel dafür, wie es im Leben manchmal zugehen kann. Irgendwo in einem der Hinterzimmer unseres Bewußtseins haben wir um das gebeten, was dann eintrifft. Diese Bitte ist der Glaube, ein Ausdruck der inneren Überzeugung, daß die Dinge, die wir brauchen, irgendwo auf uns warten.

Die Bedeutung des Glaubens an das Vorhandensein der Liebe liegt darin, daß wir uns nicht passiv, sondern einladend verhalten. Wir träumen nicht nur vage davon, daß ein besonderer Mensch daherkommen möge, während wir insgeheim befürchten, daß es sowieso nie geschehen wird. Menschen und Wunder reagieren auf Einladungen, während Passivität, ein Ausdruck unserer Zweifel, eine Barriere zwischen uns und dem, was zu uns kommen möchte, errichtet. Dieser Zustand der Passivität wird durch den folgenden Satz gut beschrieben: «Wenn du darauf bestehst, zu mir zu kommen, mache ich dir vielleicht die Tür auf, aber erwarte bloß nicht, daß ich mich auch noch darüber freue!» Wenn wir andererseits daran glauben, daß die Liebe auf uns wartet, sagen wir bewußt: «Ich weiß, daß es dort draußen jemanden gibt, und ich bin bereit, ihn willkommen zu heißen.» Die Liebe möchte in Ihr Leben treten und wartet nur noch darauf, eine persönliche Einladung zu bekommen. Also fangen Sie schon einmal an, den Text dafür zu entwerfen.

Fangen Sie an, bewußt zu wünschen

Die alte Frau, die dem Mann von der Telefongesellschaft das Haus verkaufte, hatte ein Schild mit
der Aufschrift «Zu verkaufen» aufgestellt. Das war
der äußere Ausdruck ihrer inneren Überzeugung,
daß sie bereit war umzuziehen. Und der Mann
und seine Frau waren selbst in schwierigen Momenten davon überzeugt, daß sich alles zum besten wenden würde und sie irgendwann in die
Stadt ihrer Träume ziehen würden.

Wenn Sie daran glauben, daß die Liebe auf Sie
wartet, dann setzen Sie jedes Atom Ihres Bewußtseins für diese Überzeugung ein. Bewußt an etwas
zu glauben bedeutet, daß Sie sich bemühen müssen, Sätze wie die folgenden, auf die wir so leicht
hereinfallen, beiseite zu schieben: «Ja, aber was,
wenn…» «Das ist sowieso unmöglich!» «Ja sicher,
aber *mir* wird so etwas nie passieren!» Glauben
heißt nicht, daß Sie von nun an nie wieder zweifeln werden, denn der Glaube selbst ist ein Prozeß, in dessen Verlauf Sie viele Schritte unternehmen müssen. Aber es bedeutet, daß Ihre
Zweifel langsam an Gewicht verlieren werden.

Wenn Sie fest daran glauben, daß die Liebe auf
Sie wartet, lassen Sie immer wieder die schein-
baren Gründe los, weshalb Sie meinen, daß Sie
sich sowieso nie verlieben werden. Auch wenn Sie
jahrelang frustrierende und enttäuschende Erfahrungen gemacht haben, müssen Sie weiter an Ih-

rer Hoffnung festhalten und versuchen, sich durch nichts davon abbringen zu lassen. In einem übergeordneten Zusammenhang haben Sie nämlich erkannt, daß das Universum gütig und liebevoll ist, daß es Sie mit seiner Liebe segnen möchte, daß es Ihre Sehnsucht spürt und daran glaubt, daß Sie Liebe verdient haben.

Das Nähren dieses speziellen Glaubens ist einer der Wege, auf dem der Geist der Liebe mit uns arbeitet, um unseren Glauben ganz allgemein zu entwickeln. Die Liebe, die um uns herum existiert und die Grundlage unseres Lebens ist, umgibt uns ständig mit einer Atmosphäre, die uns ihre wunderschöne Gegenwart spüren läßt. Fast scheint es, als würde uns die Liebe zurufen: «Nur zu, spring hinein! Die Ekstase ist wirklich, sie ist auch für dich da!» Der Glaube ist der innere Prozeß, der dies bestätigt und uns zuflüstert: «Das könnte tatsächlich wahr sein. Ich wage es einfach, daran zu glauben.»

Das ist der erste Schritt auf dem Weg des Glaubens. Und wenn wir diesen kleinen Schritt unternommen haben, werden wir häufig mit Erfahrungen belohnt, die unseren Glauben unterstützen und es uns so ermöglichen, noch stärker zu glauben. Das mag sich als Anerkennung unserer Arbeit zeigen, als Durchbruch in der schwierigen Beziehung zu einem Kollegen, als überraschender Blumenstrauß oder als neu erblühende Freundschaft.

Dies sind die Wellen, die als Antwort auf die Steinchen entstehen, die wir noch zögernd in den Teich unserer Überzeugung geworfen haben. Sie machen es möglich, daß wir weitergehen und unseren Glauben vertiefen, so daß wir nicht nur sagen: «*Vielleicht* wird etwas Gutes geschehen», sondern auch: «Die Liebe, die ich mir wünsche und die ich brauche, *wird* für mich da sein!»

Haben Sie Geduld

Da der Glaube ein Prozeß ist, ist es notwendig, mit sich selbst Geduld zu haben. Auf der Reise des Glaubens wird es unweigerlich kleine Verletzungen und Enttäuschungen geben, denn der Mensch, den Sie lieben, wird nicht noch an demselben Nachmittag vor Ihrer Tür stehen. Auf diesem Weg werden Sie Verehrern begegnen, die nicht zu Ihnen passen; Frauen, die nicht Teil Ihrer Träume sind; Männern, die nicht der Mann für alle Stunden, sondern nur für diese eine sind; Menschen, die nicht die große Liebe Ihres Lebens sind, sondern Ihre Urlaubsliebe aus dem Club Méditerranée.

Wenn jemand in Ihr Leben tritt, der aus irgendeinem Grund nicht der Richtige für Sie ist, sollten Sie nicht aufgeben, sondern sich im Gegenteil ermutigt fühlen. Sie können dann nämlich zu sich selbst sagen: «Aha, das war immerhin ein erster Schritt. Jetzt, da ich erkenne, daß ganz weit in der Ferne etwas für mich am Entstehen ist, kann ich auch meinen Glauben stärken, daß es die Liebe meines Lebens tatsächlich gibt.»

Die vermeintlich falschen Menschen sind kleine spirituelle Prüfungen, die auf dem Weg auftauchen, um unsere Entschlossenheit zu verstärken. Natürlich ist es verlockend, einfach zu sagen: «Er war nicht der Richtige. Das beweist, daß es für mich keine Liebe gibt.» Aber geben Sie nicht gleich auf. Versuchen Sie es statt dessen mit einem Satz wie diesem: «Gut, es ist jemand aufgetaucht. Jetzt kann ich wenigstens anfangen zu glauben, daß ich mich auf dem richtigen Weg befinde.»

Diese vermeintlichen Fehlschläge sollten Sie nicht als Hindernisse auf dem Weg zur Liebe ansehen, sondern als Chancen, Ihre Beziehungsfähigkeit und Ihr Selbstbewußtsein zu stärken und zu verfeinern. Die Wahrheit ist nämlich die, daß wir nur die Art von Liebe bekommen, zu der wir auch bereit sind. Arbeiten Sie also mit Ihren Enttäuschungen nicht nur als Möglichkeit, Ihre Überzeugung vom Vorhandensein der Liebe zu festigen, sondern auch als Gelegenheit, Ihre Liebesfähigkeit zu entwickeln.

Konkretisieren Sie Ihren Glauben
Der Glaube an sich ist äußerst wichtig, deshalb ist er auch in diesem Buch der erste Schritt. Aber es ist ebenfalls wichtig, den Glauben auf irgendeine

Weise zu konkretisieren. Es gibt Dinge, die Sie tun können, um sich Ihres Glaubens ständig zu vergewissern – dazu gehört das Aussprechen bestimmter Worte ebenso wie das Ausführen von Handlungen. Dieser Schritt ist von entscheidender Bedeutung, denn wenn wir unsere Überzeugungen durch Worte oder Verhaltensweisen ausdrücken, fällt es uns leichter zu erkennen, daß wir uns in einem Zustand positiver Erwartung befinden.

Um dies zu tun, schlage ich vor, daß Sie sich ein Gebet, eine Meditation oder ein Ritual kreieren, mit deren Hilfe Sie sich selbst jeden Tag daran erinnern, der Überzeugung treu zu bleiben, daß die Liebe auf Sie wartet. Wenn Sie ein Gebet, eine Meditation oder ein Ritual erschaffen und die Worte sprechen, die Ihre Sehnsucht ausdrükken, vermitteln Sie dem Geist der Liebe, wie ernst es Ihnen mit Ihrem Anliegen ist. Die Worte, die Sie sprechen, sind die Hälfte eines Dialogs, durch die Sie um Antwort bitten. Sie bekräftigen auf diese Weise nicht nur, wie ernst es Ihnen ist, sondern geben auch bekannt, daß Sie eine Reaktion erwarten.

Als Beispiel dafür, wie dies funktionieren kann, möchte ich Ihnen die folgende Geschichte erzählen: Ein junger Mann, der bei mir vor einigen Jahren in der Therapie war, besuchte mich vor kurzem mit seiner wunderschönen Braut. Während unserer gemeinsamen Arbeit hatte er sich darauf konzentriert, schmerzhafte Kindheitserlebnisse zu verarbeiten, da diese seine berufliche Laufbahn behinderten. Als er schließlich den Durchbruch auf diesem Gebiet schaffte, wurde ihm ein toller Job in New York angeboten. Als er ging, war er glücklich und aufgeregt, aber bei unserem Abschied drückte er sein Bedauern darüber aus, daß er sich noch nie verliebt hatte.

Als er mich nun besuchte, um sein Glück mit mir zu teilen, fragte ich ihn, wo er seine Frau kennengelernt hatte, und er antwortete: «Sie hat mich gefunden, aber ich habe etwas nachgeholfen. Ich habe sie nämlich mit einem Ritual angelockt. Ich legte in jede Ecke meines Wohnzimmers eine Opfergabe für meine Liebe, etwas, von dem ich hoffte, daß es sie anziehen würde. In eine Ecke legte ich eine Perle, in eine andere eine Kassette mit wunderschöner Musik, in die dritte ein paar Zeilen eines Gedichts, das mich immer sehr berührt hat, und in die letzte ein Fläschchen mit wohlriechendem Öl. Jeden Morgen sprach ich nach meiner stillen Meditation ein Gebet in jede der vier Richtungen Nord, Süd, Ost und West und bat darum, daß meine Liebe zu mir geschickt werden möge.

Zwei Jahre lang sprach ich mein Gebet jeden Morgen, aber ganz gleich, wohin ich kam, ganz egal, wer mich seinen Freunden vorstellte oder wie viele Verabredungen ich hatte, ich traf keine einzige Frau, die mich interessierte. Die Leute fingen an, mich für verrückt zu halten, und nach einer Weile fragte ich mich selbst, ob ich nicht tatsächlich verrückt geworden war. Aber ich gab nicht auf. Irgendwie glaubte ich immer daran, daß *sie* irgendwo dort draußen war.

Dann stand sie eines Tages wie aus heiterem Himmel in der Tür – genauer gesagt, in meiner Bürotür. Sie wollte sich ein Stockwerk über mir um eine Stelle bewerben und war aus irgendeinem Grund eine Etage zu früh aus dem Aufzug gestiegen. Sie kam in mein Büro, um mich nach dem Weg zu fragen, und… Das Ergebnis sehen Sie ja selbst.»

Wie dieser Mann aus New York können auch Sie Gebete, Meditationen, Opfergaben oder Rituale einsetzen oder eine Kombination der vier. Ihr Gebet kann ganz einfach sein, etwa: «Bitte schicke mir die Liebe meines Lebens!», aber Sie sollten in ihm ganz direkt um etwas bitten. Denn die Bitte selbst ist ein Ausdruck des Glaubens daran, daß das, worum Sie bitten, Ihnen auch gegeben werden wird. Und schon allein dadurch bringt die Bitte das Ersehnte hervor.

Wenn Sie es vorziehen, können Sie Ihr Gebet auch in Form einer Affirmation sprechen, beispielsweise: «Die Liebe, die ich mir wünsche, die mir das größte Glück bringen und mich zu meiner höchsten Bestimmung führen wird, befindet sich bereits auf dem Weg zu mir.»

Sie können Ihr Gebet auch in der Form einer gesprochenen Meditation formulieren, also in einer Reihe von Worten, die rhythmisch oder poetisch klingen, und die Sie im Laufe des Tages immer wieder aufsagen, zum Beispiel: «Liebe, die ich brauchen kann; Liebe, die ich annehmen will; Liebe, die ich geben und teilen möchte; Liebe, du kostbare Liebe, dich suche ich.»

Sie können aber auch ein kleines Ritual kreieren, mit dem Sie die Liebe anrufen. Das Ritual sollte eine persönliche Bedeutung für Sie haben und von Herzen kommen. Es sollte ausdrücken, was Sie fühlen und was Sie sich wünschen. Hier ein paar kleine Anregungen: Zünden Sie jeden Morgen eine Kerze an, und sprechen Sie ein Gebet. Oder legen Sie in die Nähe Ihrer Wohnungstür einen schönen Gegenstand, der für Sie Liebe symbolisiert. Berühren Sie ihn, wann immer Sie die Wohnung verlassen, und bitten Sie mit einem kurzen Gebet um Liebe. Oder hängen Sie im Flur einen Spiegel auf, in den Sie einmal am Tag schauen und zu Ihrem Spiegelbild sagen: «Ich suche die Liebe, die mich selbst widerspiegelt.»

Vertrauen Sie bei allem, was Sie tun, darauf, daß Ihre Meditationen und Gebete erhört werden. Die Antwort wird aber vielleicht nicht genau in der Form kommen, die Sie erwarten. So kam die Braut des jungen Mannes nicht in seine Wohnung, sondern in sein Büro, aber sein Glaube brachte ihm doch das erwünschte Ergebnis. Wer daran glaubt, daß die ersehnte Liebe auf ihn wartet, weiß, daß sie schon für ihn vorbereitet wird und – wenn sie noch nicht da ist – sich schon auf den Weg gemacht hat.

2
Sorgen Sie dafür
daß die Liebe Sie finden kann

Wenn Sie als Kind jemals auf der Suche nach einem Glückspfennig die Straße hinauf- und hinuntergelaufen sind, wissen Sie, was es heißt, sich für das scheinbar Unmögliche bereitzuhalten. Die Menschen legen kein Geld auf die Straße, damit wir es mit unseren eifrigen Händchen aufsammeln können; aber wenn Sie als Kind nur entschlossen genug waren und oft genug um den Häuserblock gelaufen sind, bestand durchaus die Chance, einen glitzernden Pfennig zu finden.

Sich für die Liebe bereitzuhalten ähnelt dieser Situation. Sie müssen sich bei jeder Gelegenheit zeigen und überall ganz und gar präsent sein.

Die Beziehungsratgeber der Marke «Wie angle ich mir einen Mann» wollen uns weismachen, daß dieses Sich-Zeigen darin besteht, daß wir uns tolle Kleider kaufen, uns in Single-Bars herumtreiben, Kontaktanzeigen aufgeben und alle möglichen hinterlistigen, verführerischen – und letztendlich selbstzerstörerischen – Verhaltensweisen an den Tag legen, nur um jemandem über den Weg zu laufen, der uns dann auf ebenso verlogene Weise nachstellt. Rein statistisch gesehen erhöhen diese Methoden tatsächlich die Chance, daß Sie jemandem begegnen werden. Wenn Sie sie oft genug und mit ausreichend Überzeugungskraft anwenden, besteht durchaus die Möglichkeit, daß Sie von jemandem ins Kino eingeladen oder geheiratet werden.

Aber wenn Sie dieses Buch lesen, ist es ebenso wahrscheinlich, daß Sie all das bereits ohne großen Erfolg ausprobiert haben und daß Sie einen Menschen aus Fleisch und Blut kennenlernen möchten, der Ihr wahres Selbst von ganzem Herzen lieben kann. Und das setzt voraus, daß Sie sich wirklich verfügbar machen.

Verfügbar zu sein verlangt von Ihnen mehr, als nur dafür zu sorgen, daß sich Ihr Körper an einem bestimmten Ort aufhält, wenn dort zufällig auch ein anderer Körper auftaucht, oder daß Ihr Bild auf einem Video zu sehen ist, während Sie sich das Video eines anderen anschauen. Verfügbarkeit besteht aus mehr als einer verführerischen Garderobe oder einem hochgewachsenen und gutaussehenden Körper. Es gibt eine ganze Reihe von Ebenen, auf denen wir uns für die Liebe bereithalten können. Viele davon spielen sich in unserem Inneren ab.

Es geht mir hier um innere Verfügbarkeit, also um ein Herz, das ruft: «Ich bin bereit. Ich bin willens. Ich bin gespannt. Ich will gern alles riskieren, um die Liebe in mein Leben zu lassen.»

Das ist etwas ganz anderes, als sich ein neues

41

Kleid zu kaufen und zu einer Party zu gehen – und auch viel subtiler. Es bedeutet, daß wir uns unsere inneren Ängste (zu unsicher, zu schüchtern) und Blockaden (zu alt, zu oft versagt) angeschaut haben und trotzdem die Botschaft aussenden: «Liebe, hier bin ich! Komm und fang mich, ich gehöre ganz dir!»

Was ist auf der inneren Ebene nötig, um diese Lebkuchenherzenbotschaften auszusprechen? Offenheit!

Offenheit zeigt sich darin, wie wir uns gegenüber der Welt, den Umständen unseres Lebens, anderen Menschen und der Erfahrung des Lebens selbst verhalten. Dabei haben wir zwei Möglichkeiten: Wir können am Leben teilnehmen, als ob es ein Krieg oder eine andauernde Beleidigung wäre, etwas, mit dem wir uns abfinden oder wogegen wir ständig ankämpfen müssen. Oder aber wir können als einfühlsame Menschen teilhaben und sagen: «Ich weiß, daß das Leben schön ist und einen Sinn hat, und ich bin bereit herauszufinden, worin er besteht. Ich bin nur ein Mensch, der auf dem kleinen Pfad seines Lebens dahinschlendert, aber ich bin gerne bereit, mich überraschen zu lassen.»

Offen zu sein heißt, verletzlich zu sein, das Unerwartete willkommen zu heißen, dem Mysterium des Lebens gegenüber aufgeschlossen zu sein, dem Fremdartigen und Gewöhnlichen gleichermaßen interessiert gegenüberzustehen und bereit zu sein, die ständige Möglichkeit des Unerwarteten auf allen Ebenen anzuerkennen.

Öffnen Sie Ihr Herz

Wenn wir wirklich wollen, daß die Liebe in unser Leben tritt, müssen wir uns auf verschiedene Weise öffnen. Es genügt nicht, nur intellektuell offen zu sein – nach dem Motto: «Nun ja, ich meine, Liebe ist schon eine tolle Angelegenheit, und wenn jemand daherkäme, würde ich bestimmt darüber nachdenken, mich zu verlieben.» Wir müssen auch im Bereich des Herzens, der Gefühle und unserer Einstellungen offen sein.

Ein offenes Herz zu haben bedeutet, sich bewußt der Liebe zu öffnen und dies unabhängig davon, wieviele Verletzungen wir schon erlitten haben (und jeder von uns ist schon öfter verletzt worden als er glaubt, aushalten zu können). Es ist fast so, als ob eine kleine Stimme in uns flüstern würde: «Ich weiß, daß mein Herz schon 50 000 mal gebrochen wurde, aber ich möchte trotzdem, daß der Schmetterling der Liebe zu mir geflogen kommt und sich auf meiner Schulter niederläßt. Außerdem ist mein Herz durch das viele Gebrochenwerden so stark geworden, daß es vor Freude in die Luft springen wird, wenn die wahre Liebe kommt.»

Aber es ist nicht einfach, sich emotional zu

öffnen. Wenn Sie sich nicht darum bemühen, werden Sie diesen Zustand nicht erreichen. Es erfordert aufrichtiges Bemühen, und Sie müssen gewillt sein, sich einzugestehen und damit fertig zu werden, daß Ihr Herz gebrochen wurde, daß Sie ungeheuer verletzlich sind, daß sie Zweifel und Ängste haben und trotzdem bereit sind, es noch einmal zu versuchen.

Im weitesten Sinne weist die Öffnung des Herzens darauf hin, daß Sie sich selbst als fühlendes Wesen erkannt haben und Ihre Gefühle aufrichtig wahrnehmen wollen. Sie haben verstanden, daß Emotionen wie Freude, Trauer, Angst und Wut gleichsam wie die Ströme des Meeres ständig durch Ihren Körper fließen, und Sie sind bereit, sie zu fühlen.

Wir alle haben diesen stetigen Strom der Gefühle in uns, und unsere Bereitschaft, diese wahrzunehmen, entscheidet, ob wir uns wie Blumen öffnen oder wie Gräber verschließen. Wenn Sie es zulassen, daß Ihre Gefühle Sie durchströmen, verhindern Sie emotionale Erstarrung und sind sich Ihrer momentanen Gefühle immer bewußt. Ihr Herz kann offen sein, weil Sie nicht einen ganzen Koffer voller Angst, Wut und Ressentiments aus der Vergangenheit mit sich herumschleppen. Wenn Sie dann jemandem begegnen, der der Richtige sein könnte, können Sie sich mit ganzer Seele auf die Begegnung einlassen.

Um herauszufinden, wie groß Ihre Bereitschaft zur Liebe ist, beantworten Sie bitte die folgenden Fragen:

* Sind Sie im allgemeinen anderen Menschen gegenüber positiv eingestellt, sind Sie interessiert, freundlich und vertrauensvoll?
* Sind Sie bereit, die Verletzungen aus Ihrer Kindheit aufzuarbeiten, um Ihr Herz einem anderen Menschen zu öffnen?
* Sind Sie bereit, die Erinnerung an den Schmerz aus einer vergangenen Beziehung loszulassen, um wieder lieben zu können?

Wenn dies nicht der Fall ist, versprechen Sie sich selbst, daß Sie jeden Tag um die Heilung dieser Verletzungen bitten werden. Wenn Sie bewußt um Heilung bitten, wird sie Ihnen auch gewährt werden.

Kommen Sie
aus Ihrem Schneckenhaus heraus

Um sich der Liebe verfügbar zu machen, ist wahrscheinlich auch eine Veränderung Ihres Verhaltens notwendig. Zum Beispiel können Sie sich dann nicht länger verstecken und am Freitagabend immer zu Hause bleiben, die Faltencreme auftragen und sich wünschen, Sie hätten ein Rendezvous. Statt dessen müssen Sie sich bereithalten, indem

Sie eine Einladung zu einer Party annehmen. Aber wahre Verfügbarkeit geht weit über das bloße Hingehen hinaus. Wenn Sie auf der Party sind, sollten Sie auch ganz da sein: mit Worten, mit Ihrer ganzen Persönlichkeit und mit Ihrer Seele. Das bedeutet, Sie müssen sich unterhalten, obwohl Sie schüchtern sind; reden, auch wenn Sie niemand gefragt hat; Anerkennung und Bewunderung ausdrücken und Interesse zeigen. Sollte Sie jemand fragen, wer Sie sind, warum Sie da sind oder was Sie eigentlich vom Leben wollen, sollten Sie mit der Wahrheit herausrücken, statt nur Höflichkeitsfloskeln von sich zu geben: «Ich bin hier, weil ich mich 15 Jahre lang versteckt habe und nun eine Beziehung finden möchte.»

Für die Liebe bereit zu sein bedeutet auch, daß Sie über alle Maßen optimistisch sein sollten, statt sich Ihre Chancen in den schwärzesten Farben auszumalen. Zu diesem Thema fällt mir ein alter Witz ein, über den ich immer sehr gelacht habe: Ein alter Mann stand Tag für Tag an einer Straßenecke und rief jeder jungen Frau, die an ihm vorbeiging, zu: «Hallo! Würden Sie wohl mal herkommen und mich küssen?» Die meisten Frauen fanden dies beleidigend und gingen weiter. Es kam aber auch vor, daß ihn eine Frau voller Mitgefühl anlächelte, und alle Jubeljahre einmal überquerte eine Frau tatsächlich die Straße und gab ihm einen Kuß.

Schließlich hatte ein Ladenbesitzer, der sich das einige Wochen lang angeschaut hatte, genug, ging zu dem Mann hinüber und sagte: «Ist Ihnen nicht klar, daß Sie sich wie ein Volltrottel benehmen, wenn Sie hier stehen und alle Frauen fragen, ob sie Sie küssen möchten?» Woraufhin der alte Mann antwortete: «Sie haben wahrscheinlich recht, aber ich gehe jede Wette ein, daß ich von mehr schönen Frauen geküßt worden bin als Sie.»

Der alte Mann hielt sich auf seine zugegebenermaßen unkonventionelle Art bereit für die Liebe. Sein Motto war: «Ich stelle mich hier an die Ecke und schaue mir die Frauen nicht nur an, sondern bringe den Mut auf, um das zu bitten, was ich wirklich möchte. Die Aussichten sind natürlich äußerst gering, aber zum Teufel, ab und zu klappt es tatsächlich!»

Wie uns dieser Mann zeigt, vergrößern sich die Chancen, das zu bekommen, was wir uns wünschen, sofort um ein Vielfaches, wenn wir uns eine optimistische Einstellung zulegen und uns verfügbar machen. Verfügbar zu sein mag unter Umständen auch einschließen, an der Wanderung der örtlichen Umweltschutzorganisation teilzunehmen, selbst wenn Sie nach einer Neunzig-Stunden-Woche kurz vor dem Zusammenbruch stehen, oder die spirituelle Unverschämtheit besitzen, auf die Knie zu fallen, die geballten Fäuste in den Himmel zu recken und Gott anzuschreien: «Schick mir sofort jemanden her! Ich kann meine Einsamkeit nicht eine Minute länger ertragen!»

Wenn Sie jeden Abend zu Hause bleiben und fernsehen, werden Sie außer dem Fernsehmechaniker niemanden kennenlernen. Aus diesem Grund haben uns schon die «Wie angle ich mir einen Mann»-Handbücher immer gelehrt, daß Sie dort hingehen *müssen,* wo sich Menschen treffen: in die Kirche, in die Tanzschule, zur Hochzeit der Kusine Ihrer besten Freundin. Sie *sollten* zu allen Verabredungen gehen, auf denen Ihnen jemand seinen besten Freund vorstellen will; Sie *sollten* sich bei der Heiratsvermittlung per Computer registrieren lassen und sogar interessant klingende, aber wahrheitsgetreue und einfühlsame Kontaktanzeigen aufgeben, um so die Aufmerksamkeit eines ganz bestimmten Menschen zu erregen.

Alle diese Dinge haben ihren Wert. Ich kenne jeweils mindestens eine Ehe, die durch eine dieser Möglichkeiten entstanden ist. Aber es gibt noch eine andere Art von Verfügbarkeit, bei der es darum geht, «drinnenzubleiben» statt «hinauszugehen». Diese Art von Verfügbarkeit beginnt dort, wo Sie gerade sind, und besteht darin, Ihre unmittelbare Umgebung in eine Einladung zu verwandeln.

Polstern Sie Ihr Nest

So wie sich Ihr Widerstand gegen eine Beziehung darin ausdrücken mag, daß Sie zu Hause herumsitzen, fernsehen und sich vollstopfen (was bedeutet, daß Sie sich verhalten, als ob der einzige Mensch, der Sie jemals lieben wird, Sie selbst sind), so kann auch eine neue Einstellung zu Ihrer Wohnung aus einem Versteck genau die Umgebung machen, die Ihnen eine Beziehung ermöglichen wird.

Ich nenne dies «das Nest polstern», und meine damit, eine Umgebung schaffen, die so verlockend ist, daß sie Ihnen bei jeder Gelegenheit bestätigt, daß Sie bereit sind, sie mit jemandem zu teilen. Ich habe eine Freundin, die nach dem Ende ihrer letzten Beziehung die Bettwäsche abzog, sie auf rituelle Weise verbrannte und dann in die Stadt fuhr, um sich neue zu kaufen. Obwohl sie wußte, daß sie noch nicht zu einer neuen Beziehung fähig war, drückte sie auf diese Weise aus: «Ich bereite mich auf einen neuen Mann vor, der mein Bett und mein Leben mit mir teilt. Ich weiß nicht, wann er kommen wird, aber ich freue mich auf seine Ankunft und bereite jetzt schon einen Willkommensgruß vor.»

Wenn Sie bewußt eine Einladung aussenden, indem Sie Ihr Wohnzimmer neu tapezieren, sich eine neue Frisur zulegen, sich neue Kleidung kaufen oder das Haus bauen, von dem Sie hoffen, daß es der Frau Ihrer Träume gefallen wird, erhöhen sich Ihre Chancen, Ihre große Liebe zu finden, ganz beträchtlich. Das liegt nicht daran, daß Sie so besonders wirksame Fallen aufgestellt haben, sondern daran, daß Sie auf diese Weise einen Notruf an die unsichtbaren Mächte gesendet haben: «Da bin ich mit meiner neuen Frisur!» «Hier bin ich mit meiner neuen Bettwäsche!» «Da stehe ich mit meinem neuen Haus. Ich bin bereit, bitte erhört mein Flehen!»

Dieses Nestpolsterungsverhalten ist wie ein Gebet oder ein Ritual praktizierter Glaube, die äußere Manifestation Ihrer Überzeugung. Wir müssen diesen praktizierten Glauben so oft wie möglich ausüben, da wir nie wissen, welche unserer Handlungen und Verhaltensweisen das erwünschte Resultat hervorbringen wird. Wir sind im Rahmen dieses Prozesses Teilnehmer und keine Regisseure, denn Liebe ist immer ein Geschenk. Dennoch müssen wir jede Anstrengung unternehmen und tun, was wir können. Vor allem aber müssen wir uns den Glauben bewahren, bis wir sehen, wen der Kosmos für uns bestimmt hat.

Das erinnert mich an einen alten Film, in dem drei Amerikanerinnen nach Rom reisen und dort Münzen in die großartige Fontana di Trevi werfen. Der Sage nach wird jeder Wunsch erfüllt, wenn eine Münze in den Brunnen geworfen wird. In schönster Hollywood-Manier wird natürlich jeder Wunsch der drei jungen Frauen erfüllt – allerdings nicht genau so, wie sie es sich vorgestellt haben, sondern auf noch wunderbarere Weise.

In gewissem Sinn ähneln wir auf unserer Suche nach Liebe diesen drei Touristinnen in Rom: Wir werfen unsere Münzen in den Brunnen, wünschen uns etwas und warten darauf, daß die Magie beginnt. Verfügbarkeit besteht aus einer Reihe von Handlungen, von denen manche innerer und andere äußerer Natur sind. Sobald Sie sich entschieden haben, bereit zu sein, und diese Verfügbarkeit in konkrete Verhaltensweisen umgesetzt haben, stehen Sie der Liebe wirklich offen. Wenn Sie zum Beispiel jedesmal, wenn Sie ins Fitneßstudio gehen, einen Menschen ansprechen, den Sie noch nicht kennen, oder jede Frau, zu der Sie sich auch nur im geringsten hingezogen fühlen, zum Essen einladen, sind Sie online gegangen, um das Wunder der Liebe zu empfangen.

Der Grund, weshalb diese Methode letzten Endes Erfolg haben wird, liegt darin, daß Sie auch sich selbst davon überzeugt haben, daß Sie bereit sind. Sie setzen Ihre Verfügbarkeit in konkrete Handlungen um, die Ihnen selbst Ihre eigene Bereitschaft widerspiegeln. Da es uns allen oft schwerfällt, Zugang zu unseren Gefühlen zu bekommen, brauchen wir manchmal eine praktische Demonstration dessen, was wir fühlen. Wir müssen unser Innerstes äußerlich ausdrücken, vor allem um unserer selbst willen. Handeln ist deshalb so wichtig, weil es uns daran erinnert, worum es uns eigentlich geht.

Es ist allerdings wichtig, daran zu denken, daß das eigene Handeln nur ein Teil des Prozesses ist; der andere Teil besteht darin, den Handlungen anderer Menschen gegenüber offen zu sein.

Als kleines Mädchen liebte ich das Märchen von Schneeweißchen und Rosenrot, in dem zwei kleine Mädchen, die an einem Winterabend allein zu Hause sind, es an der Tür klopfen hören. Obwohl sie sich fürchten, öffnen sie die Tür und sehen vor sich einen riesigen Bären, dessen dickes Fell voller Eiszapfen hängt.

Der Bär fragt, ob er hereinkommen darf. Überrascht und ängstlich lassen die Mädchen ihn herein. Der Bär legt sich neben das Feuer und schläft dort ein. Nach einigen Tagen haben sich die Mädchen an ihn gewöhnt. Sie spielen mit seinem Fell und toben mit ihm auf dem Boden herum. Er bleibt ein paar Monate bei ihnen, bis der Frühling kommt. Und als es wärmer wird, verabschiedet er sich und verschwindet im Wald. Kurz darauf kommt ein wunderschöner Prinz zu ihnen, der in einen Bären verwandelt worden war, und im folgenden Herbst nimmt er eines der Mädchen zur Frau.

Wie diese reizende Geschichte zeigt, bedeutet Verfügbarkeit, auf jeder Ebene offen zu sein. Es heißt, daß Sie sich jederzeit bereithalten und auf alles gefaßt sein müssen, wenn sich Möglichkeiten abzeichnen oder Ihnen ein Mensch (oder ein Bär) begegnet. Es bedeutet, daß Sie auf die allgemein übliche Art und Weise bereit sein müssen, indem Sie hoffen und nach dem geeigneten Mann oder der passenden Frau Ausschau halten, aber auch, daß Sie auf jede Möglichkeit, und sei sie noch so ungewöhnlich, reagieren – selbst wenn sie darin besteht, einen Bären für die Dauer seines Winterschlafes aufzunehmen.

Das Paradox der Verfügbarkeit

Verfügbar zu sein bedeutet auch, mit der paradoxen Situation leben zu lernen, die Dinge einerseits genauso zu akzeptieren, wie sie sind, und andererseits durch Ihr Verhalten zu demonstrieren, wie sehr Sie möchten, daß sich alles ändert. Einerseits müssen Sie Ihr Leben in einem Zustand absoluten Vertrauens und Behagens führen («Da bin ich und lebe mein Leben, arbeite, habe Spaß mit meinen Freunden und gehe mit meinem Hund spazieren.»), andererseits müssen Sie gleichzeitig sagen: «So werde ich mein bisheriges Leben nicht mehr weiterführen. Ich werde aus meinen üblichen Verhaltensmustern ausbrechen und alles anders machen!»

Das kann eine äußerst schwierige Gratwanderung sein, da Sie all das tun müssen, was Sie schon immer getan haben, und außerdem noch etwas völlig anderes. Ich habe eine sehr erfolgreiche Freundin, die in den Fünfzigern ist und mir einmal erzählte, daß sie an ihrem dreißigsten Geburtstag beschlossen hatte, jedes Jahr mindestens eine Sache zu tun, die sie noch nie vorher getan hatte, und zwar möglichst etwas, vor dem sie Angst hat, damit sie nicht in der täglichen Routine erstickt.

Wenn Sie sich wirklich nach Liebe sehnen, sollten Sie dem Beispiel meiner Freundin folgen. Um für die Liebe empfänglich zu sein, müssen Sie mit dem Leben, das Sie führen, vollkommen zufrieden sein und gleichzeitig bereit sein, alles zu verändern. Dieses Paradox macht Verfügbarkeit aus, und wenn Sie es akzeptieren, können Sie voller Anmut in der luftigen Höhe Ihres Drahtseilaktes stehen und darauf vertrauen, daß Sie es zur anderen Seite des Seiles schaffen werden. Tun Sie daher alles, was Sie bisher auch getan haben, und tun Sie zusätzlich etwas, das Ihrem Naturell überhaupt nicht entspricht, etwas, das einfach verrückt ist: Lernen Sie Tango tanzen, wandern Sie durch Südamerika, kaufen Sie sich ein Motorrad oder fliegen Sie in einem Heißluftballon über die Alpen.

Diese Beispiele erinnern mich an die Geschichte einer Fernsehproduzentin, die sich zwar auf dem Höhepunkt ihrer Karriere befand, aber sehr darunter litt, daß sie scheinbar keine Liebe in ihr Leben bringen konnte. Als ich ihr zum ersten Mal begegnete, war sie äußerst deprimiert, obwohl sie gerade befördert worden war. Sie klagte mir ihr Leid: «Ich kann natürlich weitermachen wie bisher und weiterhin Erfolg haben, aber wo bleibt dann die Liebe? Diese Neunzig-Stunden-Wochen lassen mir nicht viel Zeit für Romantik.»

Sie sah sich gerade nach einem anderen, weniger strapaziösen Job um, als ihr an einem Mittwochnachmittag der verrückte Vorschlag gemacht wurde, nach Samoa zu fliegen, um dort einen Dokumentarfilm zu drehen. Am Freitag hatte sie sich entschieden zu fliegen, und in der darauffolgenden Woche saß sie bereits im Flugzeug nach Samoa.

Zwei Wochen nach ihrer Ankunft lernte sie dort einen Rechtsanwalt kennen, einen intelligenten, gütigen, abenteuerlustigen Mann, der keinem der Männer glich, die sie in den Tagen ihrer kometenhaften Karriere kennengelernt hatte. Sie verliebten sich Hals über Kopf, heirateten noch auf der Insel und sind mittlerweile in die Vereinigten Staaten zurückgekehrt, um eine Familie zu gründen.

Diese Geschichte ist ein wunderbares Beispiel

dafür, wie wir einerseits das tun können, was wir schon immer getan haben (weiterhin das Mauerblümchen sein, das wir schon immer waren), andererseits aber beschließen können, etwas Neues zu machen (sich umschauen, ob es irgendwo vielleicht Mauerrosen gibt), und daß diese Einstellung zu einem glücklichen Ende führen kann. Es ist wichtig, sowohl wir selbst in unserem gewohnten Lebensumfeld zu sein, als auch gleichzeitig etwas völlig Neues und Verrücktes auszuprobieren, etwas, über das andere Leute sagen würden: «Ich kann einfach nicht glauben, daß ausgerechnet du so etwas tun würdest!»

In diesen Augenblicken, die so gar nicht in das Bild passen, das Sie von sich selbst haben, treten Sie mit dem göttlichen Funken in sich in Verbindung, mit dem mutigen, vertrauenden, kreativen Teil Ihres Selbst. In den Momenten eines leidenschaftlichen Neuanfangs eröffnet sich Ihnen eine neue, unbekannte Welt voller Möglichkeiten.

Weil wir nie wissen, aus welcher Richtung die Liebe zu uns kommt, ist es besonders wichtig, mit dem folgenden Paradox zu leben: Liebe ist ein Wunder, das uns gewährt wird, *weil* wir darum bitten und *obwohl* wir darum bitten, weil wir uns darauf vorbereiten *und* völlig unabhängig davon. Deshalb müssen Sie alle Tricks anwenden, die Sie kennen, alle Lotterielose kaufen, immer Ihre

Hausaufgaben machen und hoffen, hoffen, hoffen.

Das ist der Teil des Paradoxes, der eine Anstrengung darstellt. Andererseits staunen wir immer wieder über die scheinbare Leichtigkeit, mit der die Liebe plötzlich wie aus heiterem Himmel auftaucht. Es gibt ein altes Sprichwort, das besagt, daß der Vogel der Glückseligkeit sich sein Nest möglicherweise gerade jetzt in Ihrem Garten baut, und ich habe viele wunderbare Geschichten von Menschen gehört, die sich in jemanden verliebt hatten, der sich in ihrer unmittelbaren Umgebung befand, den sie aber vorher nie für einen möglichen Partner oder Liebhaber gehalten hatten: einen Freund, den sie schon seit Jahren kannten; eine Verkäuferin in einem Laden, in dem sie regelmäßig einkaufen gingen; einen Mann, der im nächsten Büro arbeitete.

Die folgende Geschichte illustriert, daß wir nicht wissen können, wann und wie sich die Liebe zeigen wird. Eine Frau in den Vierzigern, deren Mann vor kurzem gestorben war, ging zu einem Klassentreffen und traf dort ihren Freund aus der Schulzeit wieder. Als sie ihn nach all diesen Jahren wiedersah, erinnerte sie sich an die wunderbaren Gefühle ihrer jugendlichen Liebe und erzählte ihm vom kürzlichen Tod ihres Mannes. Dann ging sie nach Hause und vergaß ihren alten Freund wieder.

Er war seinerseits dabei, sich aus einer Ehe zu lösen, in der er schon seit Jahren unglücklich war. Als er seine alte Schülerliebe auf dem Klassentreffen traf, waren auch seine Gefühle wieder erwacht. Er fand es erstaunlich, daß sie beide nach all diesen Jahren frei waren und reif genug, um Freude aneinander zu finden. Kurz nachdem die Scheidung vollzogen war, rief er sie an, um sich mit ihr zu verabreden. Sie war überrascht und fand die Situation eigentlich zum Lachen. Ein paar Tage später rief sie ihre beste Freundin an und erzählte ihr: «Ich kann es einfach nicht glauben. Der Typ, mit dem ich in der Oberschule Schluß gemacht hatte, rief mich an, um sich mit mir zu verabreden. Ist das nicht lachhaft?»

Da sich die beiden damals in einer Art gegenseitigen Einverständnisses getrennt hatten, weil sie auf weit voneinander entfernte Universitäten gegangen waren, hatten sie niemals erkannt, wie tief ihre Verbindung, die sich zunächst in einer Schulromanze ausgedrückt hatte, eigentlich ging. Die Geschichte endete natürlich damit, daß sich die Frau, nachdem sie ihre Scheuklappen abgelegt hatte und anfing, daran zu glauben, daß sich vor ihren Augen ein Wunder vollzog, dieser wunderbaren Liebe hingab, die 25 Jahre lang gebraucht hatte, um zu entstehen.

Wie Sie sehen, hat wahre Verfügbarkeit viele verschiedene Aspekte, darunter alles, was Sie in jedem Flirthandbuch nachlesen können, aber auch die Dinge, durch die alle Räume Ihrer Seele geöffnet werden, um das unerwartete Wunder zu empfangen, das vielleicht schon direkt vor Ihnen steht.

Aktivieren Sie Ihre Verfügbarkeit

Um zu klären, ob Sie wirklich bereit für die Liebe sind, wird es Ihnen helfen, die folgenden Fragen zu beantworten:

* Haben Sie generell das Gefühl, daß Sie wirklich verfügbar sind?
* Welche konkreten Handlungen könnten Sie ausführen, um sich Ihren Herzenswunsch zu erfüllen und die Liebe in Ihr Leben einzuladen? Wartet eine solche Chance bereits auf Sie (wie die Reise nach Samoa)? Gibt es einen Verein, dem Sie beitreten, oder eine Party, auf die Sie gehen möchten?
* Auf welche Weise können Sie Ihre Wohnung, Ihren Beruf, Ihr Herz und Ihre Verhaltensmuster so verändern, daß Sie innerlich bereit sind, die Liebe zu empfangen?

Wenn Sie über diese Fragen nachgedacht haben, sollten Sie sich für die konkrete Handlung entscheiden und sich verpflichten, diese auch auszuführen. Es kann dabei um eine Änderung Ihres

Verhaltens gehen (zum Beispiel: «Ich werde mit dem Rauchen aufhören, weil es mich von anderen Menschen isoliert», oder: «Ich werde meinen Nachbarn zum Essen einladen»), um die Entwicklung neuer Fähigkeiten (zum Beispiel: «Ich werde schnorcheln lernen», oder: «Ich werde einem Fitneßclub beitreten und regelmäßig trainieren»), um die Verschönerung Ihrer Wohnung (zum Beispiel: «Ich kaufe mir ein Aquarium», oder: «Ich fange an, Orchideen zu züchten», oder: «Ich streiche die Wände des Wohnzimmers blau») oder um das Erlernen effektiverer Kommunikation (zum Beispiel: «Ich zeige in Unterhaltungen mehr von mir», oder: «Ich erzähle meinen Freunden, daß ich mich nach Liebe sehne»).

Um diesen Entschluß zu bekräftigen, sollten Sie sich einen Gegenstand aussuchen, der Sie daran erinnert. Es kann ein Schmuckstück, eine Medaille, ein Spiegel oder ein schöner Stein sein, den Sie am Strand gefunden haben. Der Gegenstand muß nicht teuer sein, er sollte nur am Körper getragen oder an einer unauffälligen Stelle plaziert werden. Der Sinn dieses Gegenstands besteht darin, Ihre Verpflichtung sich selbst gegenüber zu symbolisieren, daß Sie sich der Liebe immer mehr verfügbar machen wollen. Jedesmal, wenn Sie ihn anschauen, wird er Ihnen antworten: «So ist es richtig. Du bist offen. Du bist verfügbar. Du bist wirklich bereit, dich zu verlieben.»

SCHLÜSSEL II

Intention

Wer voller Vertrauen in die Richtung
voranschreitet, die ihm seine Träume weisen,
und sich bemüht, das Leben zu führen,
das er sich vorgestellt hat, dem wird ein Erfolg
zuteil werden, der größer ist als das, was wir
uns normalerweise erhoffen.

Henry David Thoreau

Mit dem Begriff Intention bezeichne ich eine stark ausgeprägte und tief verwurzelte Form des Bewußtseins. Intention ist ein Herzenswunsch, der im Verstand verankert wird und dort gegen alle Widerstände, allen Hindernissen zum Trotz und auch im Angesicht von inneren oder äußeren Attacken aufrechterhalten wird. Intention heißt, seinen Anspruch auf etwas geltend zu machen, das sich noch gar nicht offenbart hat, und es durch diesen Anspruch dazu zu bewegen, sich zu manifestieren. Intention bedeutet, sich bereitzuhalten und sich dem zu beugen, was aus uns selbst und aus unserem Leben werden kann. Es ist unsere Art, die Zukunft willkommen zu heißen, indem wir sie uns vorstellen.

Wer Intentionen hat, ist sich sicher: Ich will, ich werde, ich beabsichtige; es ist mein Ziel, etwas bewußt zu erschaffen; ich lege mein Herz in diese Gefühle; ich werde diesen Weg gehen, ich werde diesen Standpunkt einnehmen.

Es heißt, der Weg zur Hölle sei mit guten Absichten gepflastert. Das bedeutet, daß jede Form der Intention, die nur halbherzig ausgeführt wird, geradewegs in die Hölle frustrierender Ergebnisse führt. Werden Intentionen andererseits präzise formuliert und beharrlich ausgeführt, führen sie uns in den Himmel erfüllter Wünsche. Gute Absichten, die verwirklicht werden, sind reine Glückseligkeit.

Intention bezeichnet einen fortwährenden Prozeß und nicht einen einzigen, genau definierbaren Moment, in dem wir uns ganz nebenbei etwas wünschen, etwas begehren oder erhoffen. Intention ist die immerwährende Ausrichtung unseres Bewußtseins auf ein Ziel, das im Laufe unseres Lebens immer und immer wieder neu definiert wird.

Wenn wir unsere Intentionen genau formulieren, *wird* das, was wir uns vorstellen und an das wir glauben, wahr werden. Intention ist kein leichtfertiges Unterfangen, das wir aus einer momentanen Laune heraus beginnen und halbherzig weiterführen, sondern besteht im Herausarbeiten unserer Prioritäten und im Einnehmen eines Standpunktes in bezug auf das, was wir wollen und wofür wir bereit sind, unser Leben einzusetzen – und zwar nicht nur im Augenblick, sondern fortwährend bis in die fernste Zukunft hinein. Intention erfordert die praktische Umsetzung unserer Absichten, was dazu führt, daß wir unsere Vorstellungen immer und immer wieder in Handlungen ausdrücken, bis sie nicht nur zu einer inneren Realität geworden sind, sondern auch zu einer äußeren.

Intention stellt das Rückgrat unserer Vorbereitungen auf das Eintreffen der Liebe dar. Diese auf der emotionalen Ebene ausgeführte Arbeit ermöglicht es uns, immer dann, wenn wir den

Glauben verlieren oder uns die Verzweiflung überkommt, durchzuhalten und unsere Kräfte um unseren Mittelpunkt herum zu sammeln. Während das Wesen des Glaubens im spirituellen Bereich liegt, ist Intention das vereinte Agieren von Herz und Seele im Rahmen der bewußten Suche nach Liebe. Intention sagt es nicht nur einmal, sondern wiederholt es beharrlich immer wieder: «Das wünsche ich mir. Das brauche ich. Das werde ich nicht aufgeben, bis ich es habe. Ich nehme diesen Standpunkt ein, und nichts wird mich davon abbringen.»

Die Intention, mit der Sie sich die Liebe wünschen, bildet das Fundament Ihrer Praxis und ist die Macht, die die Liebe schließlich zu Ihnen führen wird. Wenn Sie nicht beabsichtigen, geliebt zu werden, wird Sie auch nie jemand lieben, aber wenn Sie Ihre Absicht unermüdlich bekräftigen, wird die Liebe irgendwann ganz sicher Ihnen gehören.

3
Erkennen Sie
Ihr wahres Selbst

Alles, was einen Wert hat, kostet auch etwas. Der Preis der Liebe ist Selbsterkenntnis. Es ist von unschätzbarem Wert, sich selbst kennenzulernen, und dies zu tun ist ein kleiner Preis für die große Liebe, die alle Ihre Bedürfnisse erfüllen wird.

Selbsterkenntnis geht aber weit über eine flüchtige Bekanntschaft mit dem Menschen, für den Sie sich halten, und dessen Vorlieben, hinaus: «Ja, klar mag ich Fußball. Nein, ich mag kein scharfes Essen.» Sich selbst kennenzulernen heißt für Sie, sich darum zu bemühen, ein tiefes Bewußtsein Ihrer selbst als emotionales Wesen zu entwickeln und herauszufinden, wer Sie in Ihrem Kern wirklich sind. Dazu braucht es den Mut, Ihre Bedürfnisse im Hinblick auf Beziehungen zu erkennen, sich Ihre emotionale Verfassung anzuschauen und herauszufinden, was Ihnen Leiden verursacht oder Freude macht, wovor Sie Angst haben und was Sie glücklich macht.

Sie können diesen Prozeß der Selbsterkenntnis mit einem ganz einfachen Schritt beginnen, indem Sie sich darüber klarwerden, ob Sie ein introvertierter oder ein extrovertierter Mensch sind. Liegen Sie gerne allein in der Badewanne, oder sind Sie eher jemand, der aus sich herausgeht und überall im Mittelpunkt stehen möchte? Sind Sie ein Partylöwe oder doch lieber ein Einsiedler?

Welchen Lebensstil wünschen Sie sich unabhängig von der Frage, ob Sie nun introvertiert oder extrovertiert sind? Rauchen Sie? Trinken Sie Alkohol? Sind Sie Vegetarier? Ein Kinofan? Sind Sie und Ihr Sofa unzertrennlich, oder rennen Sie dauernd ins Fitneßstudio? Ist es Ihnen wichtig, sich draußen in der Natur aufzuhalten? Musik zu hören? Zu meditieren? Mit Ihrem Neffen zu spielen? Ihre Eltern zu besuchen?

Es ist wichtig, diese Dinge zu wissen, wenn Sie auf Partnersuche sind, damit Sie sich nicht in einem falschen Licht zeigen. Jeder von uns trifft Menschen unter Umständen, die nicht wirklich das widerspiegeln, was sie eigentlich sind. Eine Frau, die sich auf der Firmenweihnachtsfeier in einen Mann im Smoking verliebt, aber nicht weiß, daß er in den letzten 20 Jahren höchstens 24 Stunden nicht in seinem alten Trainingsanzug gesteckt hat, bekommt einen falschen Eindruck von ihm. Sie denkt möglicherweise: «Aha, das ist also der Mann, der endlich etwas Klasse in mein Leben bringen kann.» Aber in Wahrheit kann er es kaum erwarten, wieder nach Hause zu kommen und endlich seine Trainingshosen anzuziehen. Deshalb ist es so wichtig, daß Sie sich auch auf diesen scheinbar so unwichtigen Ebenen offenbaren, wenn Sie jemanden kennenlernen.

Diese Dinge sind deshalb von so entscheidender Bedeutung, weil sie unsere emotionale Verfassung widerspiegeln. Jeder von uns befindet sich in einem ganz persönlichen, einzigartigen Gemütszustand, der von unserem inneren Kern und von einer ganzen Reihe gefühlsmäßiger Reaktions- und Verhaltensweisen geprägt wird. Diese sind aufgrund unserer lebenslangen Erfahrung mit Menschen, Erlebnissen und Dingen entstanden und in den bewußten und unbewußten Teilen unserer Persönlichkeit gespeichert. Sie bringen in uns Töne zum Klingen, die vor langer Zeit angeschlagen wurden, und wie eine eingängige Melodie, die wir einmal gehört haben, kommen sie immer und immer wieder zu uns zurück und lassen uns nicht mehr los.

Diese Melodie nenne ich «das Lebensthema». Es basiert auf der Art und Weise, wie Sie in der Vergangenheit behandelt wurden, auf Tragödien, die Ihnen widerfahren sind, auf Verlusten, die Sie erlitten haben und auf besonderen Umständen, die das prägende Merkmal Ihrer Kindheit waren und von denen Sie damals tief berührt wurden. Seitdem ist Ihr Lebensthema in jeder Ihrer Beziehungen immer wieder durchgespielt worden.

Ihre emotionalen Verhaltensweisen drücken Ihre Reaktion auf Ihr Lebensthema aus. Diese

Reaktionen entstanden in der Kindheit und sind mittlerweile zu einem instinktiven Teil Ihres Wesens geworden. Deshalb bestimmt ihr Lebensthema tatsächlich, wer Sie sind, warum Sie sich gerade auf diese Weise verhalten, warum Sie bestimmte Menschen und Erlebnisse vorziehen und andere zu vermeiden suchen. Es ist für Sie von entscheidender Bedeutung herauszufinden, worin Ihr Lebensthema besteht, denn es hat im wahrsten Sinne des Wortes die Zügel Ihres Lebens fest in der Hand.

Verstehen Sie Ihr Lebensthema

Ich habe schon immer Sonaten geliebt. Im ersten Satz wird mit einigen exquisiten Noten eine Melodie, ein musikalisches Thema vorgestellt, auf das im zweiten Satz Variationen folgen, die dieses Thema erweitern. Im dritten und letzten Satz wird dann das ursprüngliche Thema wiederholt und zu Ende geführt.

Man könnte sagen, daß wir alle gewissermaßen ein sonatenhaftes Leben führen, denn wir werden mit einem ursprünglichen Thema geboren, spielen endlose Variationen dieses Themas durch, und schließlich, wenn wir unser Leben beschließen, bringen wir dieses Thema auf die eine oder andere Art zu einem Abschluß. Es ist nicht nur zum Zweck der Selbsterkenntnis von entscheidender Bedeutung, daß Sie Ihr Lebensthema verstehen, sondern auch, um erfolgreiche Beziehungen zu haben, da es unvermeidlich ist, daß jeder von uns dieses Thema sein Leben lang variiert. Die Wahl Ihres Partners und der darauffolgende Tanz mit ihm ist ein Bestandteil dieses Themas.

Lebensthemen haben ihre Wurzeln in unseren Familiengeschichten. Vernachlässigung, Trennung, Verlust, Armut, Mißbrauch, Verlassenwerden, Zurückweisung, Gefühlsunterdrückung und Todesangst gehören zu den wichtigsten Lebensthemen. In jedem Leben hat eines dieser Themen in der Kindheit eine Rolle gespielt, und wir alle verbringen den Rest unseres Lebens damit, das quälende Rätsel, das sich um dieses Thema herum entwickelt hat, zu erkennen und es schließlich zu lösen. Die Verarbeitung dieses Themas formt das Wesen der menschlichen Existenz und ist die psychologische Aufgabe, die wir in diesem Leben zu lösen haben.

Wie Speichen von einer Nabe, so gehen von jedem dieser Themen die gefühlsbetonten Probleme aus, die für einen jeden von uns Bereiche extremer emotionaler Sensibilität darstellen. Weil diese Dinge der schmerzhafte Ausdruck Ihres Lebensthemas sind, gehen Sie schon beim kleinsten Anlaß an die Decke, wenn das Thema berührt wird. So kann es beispielsweise vorkommen, daß das ständige Zuspätkommen eines Menschen in Ihnen das Gefühl des Verlassenwerdens aktiviert.

Aber diese Dinge repräsentieren auch das, was Sie unter allen Umständen vermeiden möchten, zum Beispiel die Wut darüber, daß Sie immer bekanntgeben sollen, wo Sie gerade sind, weil Sie sich dann wieder so unter Druck gesetzt fühlen wie in Ihrer Kindheit. Aufgrund Ihres Lebensthemas entwickeln Sie bestimmte Verhaltensmuster und schaffen beispielsweise ein trautes Heim, um die chaotischen Verhältnisse der Alkoholikerfamilie auszugleichen, in der Sie aufgewachsen sind, oder Sie bemühen sich, andere Muster loszulassen, damit Sie sich beispielsweise nicht immer Sorgen ums Geld machen müssen.

Ihre emotionalen Reaktionsmuster sind vielleicht ganz normal: So merken Sie plötzlich, daß Sie vor Eifersucht ganz außer sich sind, weil Ihr Liebster auf dem Empfang der Handelskammer auf die wohlgeformten Beine einer hochgewachsenen Brünetten starrt. Ihre Reaktionen können aber auch äußerst merkwürdig sein: Möglicherweise bekommen Sie einen hysterischen Anfall, wenn Ihre Liebste sich das letzte Stück Fleisch vom Teller nimmt, ohne es vorher Ihnen anzubieten, weil Sie das an Ihre Kindheit erinnert, in der sich zehn hungrige Kinder um das letzte Stückchen Braten stritten.

Diese Bereiche extremer Empfindlichkeit, gleich ob sie nun positiv oder negativ sind, erscheinen anderen Menschen oft lächerlich oder merkwürdig. Aber für Sie sind sie sehr real und können daher nicht ignoriert werden. Jeder von uns hat ein Lebensthema und daraus entstandene Bereiche extremer emotionaler Empfindlichkeit, und unser Lebensweg auf der emotionalen Ebene besteht darin, uns dieser bewußt zu werden und sie zu verarbeiten. Je besser Sie diese emotionalen Fallgruben erkennen können, desto wirkungsvoller können Sie sich und Ihre neue Liebe davor schützen, von den maskierten Ungeheuern des Unbewußten sabotiert zu werden, die immer dann auftauchen, wenn Sie am wenigsten mit ihnen rechnen. Je weniger Sie sich dieser Monster bewußt sind, desto mehr werden sie sich zeigen, um in Ihrer Beziehung Aufmerksamkeit zu erregen.

Es ist daher von äußerster Wichtigkeit, Ihr Lebensthema und die Bereiche emotionaler Empfindsamkeit zu identifizieren. Wenn Sie diese dem Menschen, mit dem Sie eine neue Beziehung eingehen, zeigen, kann daraus emotionale Intimität entstehen. Außerdem werden Sie beide besser verstehen, welche Bereiche Ihrer Beziehung möglicherweise problematisch sein können und an welchen Sie daher immer wieder arbeiten müssen.

Um herauszufinden, was Ihr Lebensthema sein könnte, sollten Sie sich Ihre auffälligsten Verhaltensweisen anschauen, da wir häufig mit diesen Themen umzugehen versuchen, indem wir sie kompensieren: «Mein Vater wies mich immer zurück, also wurde ich zum Streber.» «Meine Mutter gab mich zur Adoption frei, also wurde ich emotional abhängig.»

Lebensthemen können auch dazu führen, daß wir uns zurückziehen: «Meine Mutter erdrückte mich, daher habe ich Angst, mich festzulegen.» «Mein Vater kritisierte mich immer, daher wurde ich passiv-aggressiv.» Schwerwiegendere Anpassungsversuche an die Probleme der frühen Jahre sind unter anderem Depressionen, ernsthafte Persönlichkeitsstörungen, Vermeidungsverhalten durch Süchte, gegenseitige Abhängigkeit und das Verdecken von emotionalen Problemen durch übermäßiges Intellektualisieren.

Als Beispiel dafür, wie sich Lebensthemen auswirken können, soll das Beispiel von Fred und Ethel dienen. Fred war der Sohn eines aggressiven, tyrannischen Vaters und einer gütigen, zurückhaltenden Mutter, die von den Wutausbrüchen ihres Mannes erdrückt und eingeschüchtert wurde.

Freds Lebensthema war Zurückweisung und

als Folge Unsicherheit über seine Männlichkeit, für die er seinen Vater nicht als Vorbild akzeptieren konnte. Er wollte nicht wie sein jähzorniger Vater sein, aber er wollte auch nicht wie seine Mutter werden, die von einem Menschen unterdrückt wurde, der sie angeblich liebte. Dies waren die Bereiche, in denen seine emotionale Empfindsamkeit lag.

Jahrelang reagierte Fred auf die Zurückweisung (und die Angst, ein Mann zu sein), indem er ein Versager wurde, übermäßig trank und allen Beziehungen aus dem Weg ging, in denen es zu Konflikten mit einem anderen Menschen hätte kommen können. Nachdem er sich dann aber zunächst ganz vorsichtig auf eine Reihe von Beziehungen eingelassen hatte und in ihnen nicht erdrückt worden war, beschloß er, mit dem Trinken aufzuhören und einen «richtigen» Beruf zu ergreifen. Zu diesem Zeitpunkt begegnete er Ethel. Ihre Bereitschaft, in ihm nicht ein aggressives Monster zu sehen, das er zu werden befürchtete, sondern ihn als den sanftmütigen Mann zu akzeptieren, der er war, erlaubte ihm, seine Sensibilität und seine Stärke zu integrieren. Obwohl Fred noch immer sehr stark auf Konflikte reagiert und beständig versucht, sich als Mann zu definieren, ist er auf dem Weg, sein Lebensthema zu verarbeiten, ein gutes Stück vorangekommen.

Ethel war die Tochter einer hysterischen, gehässigen, alkoholkranken Mutter, die, wenn sie betrunken war, das Leben ihrer Tochter bedrohte. Ihr Vater, ein reisender Handelsvertreter, war nur selten zu Hause, so daß Ethel allein mit ihrer völlig außer Kontrolle geratenen Mutter fertig werden mußte. Ethels Lebensthema war die Angst, vernichtet zu werden.

Ihre emotionalen Probleme drehten sich allesamt um das Gefühl, nicht beschützt zu werden und daher gefährdet zu sein. Der Mechanismus, den sie entwickelte, um mit der Situation fertig zu werden, bestand darin, daß sie das perfekte Kind wurde (und so vermied, daß ihre Mutter sich über sie aufregen konnte), daß sie versuchte, es anderen immer recht zu machen und sie zu beruhigen, und daß sie sich in ihr Zimmer zurückzog, um zu lesen. Als Erwachsene versetzte jede spannungsgeladene Situation in ihrem Freundeskreis oder bei der Arbeit sie in Panik, dazu reichte schon eine unfreundliche Bemerkung oder ein schiefer Blick.

Ethel erlebte mehrere Beziehungen, in denen sich die Situation mit den Wutausbrüchen wiederholte, aber nach und nach lernte sie, ihre Ängste zu erkennen, und sie wurde gegenüber vielen Dingen, die diese auslösen konnten, stärker. Als sie Fred kennenlernte, fühlte sie sich einerseits durch sein ruhiges Wesen und seine Güte, andererseits aber auch durch die Stärke, die er bewies, als er seine Sucht aufgab, geliebt und aufgehoben.

Entscheidend für den Erfolg ihrer Beziehung war, daß beide zu der Zeit, als sie sich fanden, bereits ziemlich vertraut mit ihrem Lebensthema waren und wußten, auf welche Weise es sich auf sie ausgewirkt hatte. Daher waren sie auch in der Lage, miteinander darüber zu reden.

Nachdem wir uns Fred und Ethel angeschaut haben, wollen wir uns nun wieder Ihnen zuwenden:

* Was ist Ihr Lebensthema? Welches der wichtigsten Themen trifft am ehesten auf Sie zu: emotionale oder körperliche Vernachlässigung, Verlust durch Todesfall, das Gefühl, ein Außenseiter zu sein, Übertretung Ihrer gefühlsmäßigen Grenzen, Armut, körperlicher oder emotionaler Mißbrauch, tatsächliches oder als solches empfundenes Verlassenwerden, Ablehnung Ihres wahren Wesens, Angst vor Auslöschung oder emotionales Ersticken?

Obwohl diese Lebensthemen eine ungeheure Macht über uns haben, versuchen wir alle intuitiv, über den Schmerz, den sie mit sich bringen, hinauszugehen und die Freude zu fühlen, die wir mit Liebe und Einheit in Verbindung bringen. Je bewußter Sie sich Ihres Themas und den damit zusammenhängenden Empfindlichkeiten werden, desto eher werden Sie in der Lage sein, Ihre emotionalen Probleme zu lösen. Je mehr Sie mit diesen schmerzhaften Bereichen arbeiten, desto mehr werden diese ihre Macht über Sie verlieren. Als Folge werden Sie Ihre Liebesbeziehungen stärker genießen können, und in einer neuen Beziehung wird es nun um Ihre persönliche Erfüllung gehen können statt um ein erneutes Ausagieren der schmerzhaften Erlebnisse aus Ihrer Kindheit.

Natürlich entdecken wir viele dieser tiefsitzenden Probleme erst in einer intimen Beziehung. Es kann zum Beispiel sein, daß Sie gar nicht wissen, daß Sie eifersüchtig sind, weil Sie sich noch nie richtig verliebt haben. Geschieht das, sind Sie plötzlich doch verletzlich, und erst dann mag die Aussicht des bevorstehenden Verlusts Sie auf eine Weise treffen, die in einer oberflächlichen Beziehung nie ein Problem war. Aber während manche Lebensthemen erst im Zauberspiegel einer Beziehung sichtbar werden, sind andere so mächtig, daß sie uns von Anfang an in jede Beziehung begleiten und unser Problem sofort laut und deutlich herausposaunen. Auf jeden Fall leben diese Themen mit uns wie unsere Schatten, und je mehr wir sie dem Tageslicht aussetzen, desto mehr verlieren sie ihre Macht über uns.

Das Positive an Ihren persönlichen Grenzen

Allmählich erkennen Sie wahrscheinlich, daß jeder von uns als Reaktion auf unser Lebensthema eine Reihe von Verhaltensmechanismen entwickelt hat, die uns helfen zu überleben. Dazu gehören: Rückzug, Manipulation, Panik, Hysterie, die Unfähigkeit, sich festzulegen, passive Aggressivität und übermäßiges Intellektualisieren. Obwohl jede dieser Verhaltensweisen ein Versuch ist, mit dem Schmerz, den unser Lebensthema mit sich bringt, umzugehen, schaffen sie leider in einer engen Beziehung Probleme. Sie kreieren Widerstände gegen die Liebe oder stellen den Grund für die endlose Wiederholung bestimmter Konflikte dar.

Ironischerweise ziehen sie aber unsere Partner auch an. Das Positive an unseren persönlichen Grenzen ist, daß sie die Bereiche repräsentieren, in denen wir wachsen müssen, in denen wir geheilt und geliebt werden möchten. So suchen wir intuitiv genau die Menschen aus, die diese Heilung voranbringen können, und die Menschen, die dies können, fühlen sich intuitiv auch von uns angezogen.

Tatsächlich ist dieser Heilungsprozeß ein ganz wichtiger Teil jeder Beziehung. Er fängt mit einer Enttäuschung an, wenn unsere Grenzen sichtbar werden; er wird zum Prüfstein unserer Liebe, während wir mit diesen Schwierigkeiten umgehen; und er wird schließlich zu einem Sieg der Transformationsfähigkeit des Menschen, wenn echte Heilung stattfindet.

Je bewußter wir an diesen Heilungsprozeß herangehen, desto intensiver findet er statt. Wenn Sie sich Ihrer Grenzen, Ihrer «Alarmknöpfe» und Ihrer Überempfindlichkeit bewußt sind, können Sie sie in Ihrer Beziehung auf den Tisch legen, um geheilt zu werden. Weigern Sie sich, sie dem Licht Ihrer bewußten Aufmerksamkeit auszusetzen, riskieren Sie, daß Ihre Beziehung Ihretwegen nicht beginnt oder mit Getöse entgleist.

Es gibt niemanden unter uns, der nicht wenigstens ein oder gleich mehrere Persönlichkeitsdefizite aufweist. Im Grunde sind doch gerade sie es, die uns als Individuen so interessant machen. Aber natürlich verursachen sie uns auch Probleme. Im Laufe unseres Lebens entdecken wir immer und immer wieder, daß diese besonderen Persönlichkeitsmerkmale die Quelle irritierender Probleme in all unseren Liebesbeziehungen sind. Was einen Partner irritiert hat, wird auch andere irritieren. Und da keiner von uns ohne sein Bündel persönlicher Schwächen ist, sollten wir jetzt damit anfangen, uns ihrer bewußt zu werden.

Seien Sie sich selbst gegenüber einen Moment lang ganz ehrlich. Um Ihre persönlichen Grenzen herauszufinden, schreiben Sie sich die folgenden Dinge auf:

* Notieren Sie sich etwa fünf oder sechs spezifische Bereiche, in denen Sie emotional sehr empfindlich sind, die Sie immer wütend machen oder vor denen Sie immer Angst haben, derentwegen Sie durchdrehen oder die Ihnen auf irgendeine Art zu schaffen machen. Zum Beispiel: Wenn sich jemand verspätet, wenn sich jemand nicht bedankt, wenn jemand laut wird (selbst wenn er eigentlich nur aufgeregt ist), wenn jemand Sie nicht in seine Pläne mit einbezieht.
* Welche Verhaltensweisen haben Sie entwickkelt, um sich selbst zu trösten? Zum Beispiel: Nägelkauen, exzessives Essen oder Trinken, ständige Sorge um Ihre Gesundheit, Depressionen, unaufhörliches Reden, Jammern, hysterische Anfälle, Weinkrämpfe, Schüchternheit, Zynismus, Galgenhumor, Schweigen, Launenhaftigkeit oder Sportsucht.

Gleich um welche irritierenden Verhaltensmechanismen es sich auch handeln mag, man hat sie Ihnen sicherlich schon vorgeworfen. Und es können sich einfach nicht alle Ihre Kritiker geirrt haben! Es ist wichtig, im Auge zu behalten, daß andere Menschen, die den Mut aufgebracht haben, Ihnen diese Dinge vorzuwerfen, dies wahrscheinlich zu recht getan haben, ganz gleich ob es sich dabei um Ihre Eltern oder Ihre Geschwister, um Ihre Kollegen oder Schulkameraden gehandelt hat. Wenn Ihnen 14 Menschen gesagt haben, daß Sie ein Chaot sind, haben diese damit wahrscheinlich recht gehabt. Wenn Ihnen schon 49 Menschen gesagt haben, daß Sie nie pünktlich sind und daß Ihre Unzuverlässigkeit sie zur Weißglut treibt, wird wahrscheinlich auch der nächste, mit dem Sie sich verabreden, auf dieselbe Weise auf Ihre Unpünktlichkeit reagieren.

Welche Dinge in Ihnen machen Sie zu einem unvollkommenen Wesen, das in Liebesdingen nicht nur Freude schenkt, sondern auch Probleme bereitet? Dabei fallen mir die Navajo-Indianer ein, die, wenn sie einen Teppich weben, absichtlich immer einen Fehler hineinwirken. Auf diese Weise drücken sie aus, daß nur Gott etwas Vollkommenes schaffen kann, und daß alle Menschen ihre Fehler haben.

Das trifft auf jeden von uns zu. Jeder von uns hat einen Haufen Ecken und Kanten, und unsere Lebensaufgabe ist es, diese glattzuschleifen. Die Aufgabe unseres Partners besteht darin, sie mit Verständnis zu betrachten, sie geduldig zu ertragen und auf sie mit bedingungsloser Liebe zu reagieren.

Wenn Sie eine Beziehung eingehen möchten, sollten Sie sich darüber im klaren sein, wer Sie sind. Es ist ein Akt der Selbstliebe, sich Ihrer Grenzen bewußt zu werden, denn es zeigt, daß

Sie sich so lieben, wie Sie sind. Außerdem ermöglicht es Ihnen, Ihre Arme und Ihr Herz einem anderen Menschen zu öffnen, der genau wie Sie nicht ganz vollkommen ist.

Erkennen Sie Ihre äußeren Grenzen

Es ist nicht nur wichtig, die Vielfalt Ihrer emotionalen Grenzen kennenzulernen, sondern auch zu begreifen, in welchen Bereichen Sie an äußere Grenzen stoßen. Damit sind Dinge gemeint, über die Sie wirklich keine Kontrolle haben, wie zum Beispiel die Tatsache, daß Ihr Vermieter Ihnen die Wohnung gekündigt hat und Sie nun über kein Schlafzimmer verfügen, in das Sie Ihren Liebhaber einladen könnten; daß Ihre Firma Sie ohne Vorwarnung in eine andere Stadt versetzt hat; daß Ihrer Mutter der Blinddarm entfernt worden ist und Sie sie nun pflegen müssen, bis es ihr besser geht.

Es gibt immer bestimmte äußere Grenzen, die unsere Verfügbarkeit einschränken. Selbst wenn wir die besten Absichten haben und unsere Seele bereit ist, können die äußeren Umstände doch dergestalt sein, daß wir uns den großen Eisbecher der Liebe versagen müssen und nur schnell eine Kugel in der Waffel schlecken können.

Äußere Grenzen sind durchaus real. Sie sind ein Teil Ihres Gepäcks, mit dem Sie an der Tür der Liebe klingeln. Sie tragen an den äußeren Einschränkungen keine Schuld, da sie außerhalb Ihrer Kontrolle liegen, aber es ist wichtig, daß Sie sie anerkennen und nicht ihretwegen lamentieren. Wenn Sie das nicht tun, werden sie sich trotzdem zeigen – und zwar auf unangenehme Weise – und können schnell zu dem Grund dafür werden, daß Ihre Beziehung nicht aus den Startlöchern herauskommt.

Um herauszufinden, worin Ihre äußeren Grenzen bestehen, beantworten Sie bitte die folgenden Fragen:

* Welche äußeren Einschränkungen erschweren es zur Zeit, daß Sie eine Beziehung haben? Zum Beispiel: Weil Sie sich gerade von den Folgen eines Unfalls erholen und 20 Stunden in der Woche zur Krankengymnastik müssen; weil Sie Ihre gesamte Freizeit damit zubringen, Ihr abgebranntes Haus wiederaufzubauen; weil Sie als Reisevertreter arbeiten und nur ein paar Tage im Monat zu Hause sind.

Jeder von uns macht schwere Zeiten durch, in denen wir nichts weiter tun können, als beharrlich einen Fuß vor den anderen zu setzen und weiterzugehen. Derartige Hindernisse bedeuten aber nicht, daß Sie keine Beziehungen eingehen sollten, sondern nur, daß Sie Ihre gegenseitige

Situation sich selbst und Ihrem möglichen Partner gegenüber ehrlich einschätzen und herausfinden sollten, wie diese Hemmnisse Ihre Beziehung möglicherweise behindern könnten.

Der Wahrheit ins Auge zu schauen – und darüber zu reden – kann eine Quelle wahrer Intimität sein. Sind Ihre äußeren Umstände dergestalt, daß Sie gar nicht in der Lage sind, eine ernsthafte Beziehung einzugehen, wäre es gut, darüber zu reden. Und wer weiß? Vielleicht ist ja der Mensch, mit dem Sie ausgehen, sehr glücklich über Ihre Umstände. Vielleicht lebt er unter ähnlichen Bedingungen, so daß er perfekt zu Ihnen passen würde.

Ich kenne zum Beispiel einen Reisevertreter, der sich in eine Frau verliebt hatte, die erst vor kurzem geschieden worden war. Weil er nur ab und zu bei ihr war, konnte sie den Trauerprozeß alleine durchmachen und ihn in seiner Abwesenheit zu Ende bringen, so daß es ihm erspart blieb, auf unpassende Weise an der Auflösung der vorangegangenen Beziehung beteiligt zu sein.

Welche Gaben besitzen Sie?
Es ist nicht nur wichtig, Ihre Grenzen zu kennen, sondern auch über Ihre positiven Eigenschaften Bescheid zu wissen. Worin besteht Ihre persönliche Mitgift? Welche Reichtümer bringen Sie in eine Beziehung ein?

Da unser Selbstbewußtsein oft leicht zu erschüttern ist, und da nur wenige von uns darin unterstützt worden sind, ein gesundes Selbstbild zu entwickeln, sind wir uns häufig nur unserer Grenzen bewußt. Diese werden uns nämlich in aller Deutlichkeit von gedankenlosen Eltern, gemeinen Schulkameraden oder gehässigen Expartnern vorgehalten. Aber unsere Gaben, in denen sich die Schönheit und die Kraft unseres Selbst zeigen, entgehen häufig unserer Aufmerksamkeit.

Wir leben in einer Gesellschaft, die es uns nicht gestattet, das ganze Ausmaß, die Kraft und das Wunder der Einzigartigkeit zu ehren, die jeder von uns besitzt. Es ist eher so, daß wir nur dann zeigen können, wer wir wirklich sind, wenn wir etwas erreicht haben, das die Gesellschaft anerkennt, zum Beispiel, wenn wir die Karriereleiter erklimmen oder eine bestimmte Menge Geld verdienen. Als Folge davon besitzen die meisten von uns nicht die Fähigkeit, sich selbst als die begabten Menschen zu erkennen, die sie in Wirklichkeit sind, oder die feinen, sich ständig verändernden Nuancen zu erkennen, die uns als Individuen auszeichnen.

Zu unseren Gaben gehören einige, die das Ergebnis bewußter Vorbereitung sind (dazu gehört eine Ausbildung in Massage, um herrlich entspannende Rückenmassagen geben zu können), und andere, die Geschenke der Seele sind und sich seit Äonen entwickelt haben, wie zum Beispiel Geduld oder Sanftmut. Nicht immer ist Ihnen bewußt, was Sie zu bieten haben, aber wenn Sie aufmerksam hinschauen, werden Sie Ihre Gaben erkennen, denn diese gehören zu Ihrem innersten Kern und drücken die nur Ihnen eigene Schönheit und Einzigartigkeit aus.

Da wir uns alle in einem Prozeß ständiger Entwicklung befinden, mag sich das, was Sie heute zu bieten haben, von dem unterscheiden, was Sie vor mehreren Beziehungen geben konnten. So ist es möglich, daß Sie jetzt, da Sie Ihre emotionalen Traumata verarbeitet haben, ein bewußt kommunizierender Partner geworden sind oder daß Sie, nachdem Sie den Grund für Ihre Asthmaanfälle herausgefunden haben, bereit sind, ein Kind zu bekommen, oder daß Sie, nachdem Sie Ihr Diplom bestanden haben, bereit sind, eine Familie zu gründen.

Während Sie sich auf die Ankunft der großen Liebe Ihres Lebens vorbereiten, sollten Sie darüber nachdenken, was Sie zu bieten haben. Worin bestehen Ihre Reichtümer? Wie sieht das Schatzkästchen aus, das Sie mit einem anderen Menschen teilen möchten? Denken Sie über die folgenden Punkte nach:

* Was macht Sie liebenswert? Sind Sie humorvoll? Haben Sie einen schönen Körper, ein

gütiges Herz, die Fähigkeit, das beste in anderen Menschen hervorzubringen? Haben Sie eine glückliche Hand in geschäftlichen Dingen? Sind Sie ein Heiler? Besitzen Sie Mut? Sagen Sie, was Sie denken? Haben Sie eine schöne Stimme, oder sind Sie auf andere Weise musikalisch begabt?

* Was gefällt Ihnen an sich selbst am besten?
* Wofür lobt man sie ständig? Was ist an Ihnen so einzigartig?
* Welche Persönlichkeitsmerkmale haben Sie verwirklicht, die Sie als Ihren Schatz mit einem anderen Menschen auf eine bisher nie dagewesene Weise teilen möchten? Zum Beispiel: Ausgeglichenheit, Kommunikationsbereitschaft oder Gutherzigkeit?

Wenn Sie sich die Antworten auf diese Fragen anschauen, können Sie dann erkennen, welch ein Schatz Sie sind und was Sie zu bieten haben? Es ist an der Zeit, daß Sie Ihre eigene Schönheit anerkennen und sich nicht länger für Ihre Reichtümer schämen. Indem Sie erkennen, was in Ihnen stark und schön ist – ganz gleich ob Sie damit geboren wurden oder es durch Leiden oder andere Anstrengungen erworben haben –, ziehen Sie in diesem Augenblick den Menschen an, der Ihre perfekte Ergänzung ist.

Wie möchten Sie geliebt werden?

Wenn Sie sich darüber im klaren sind, worin Ihre Begrenzungen und worin Ihre Gaben bestehen, sollten Sie sich auch bewußt werden, auf welche Weise Sie eigentlich geliebt werden möchten. Jeder von uns hat nämlich geheime Vorstellungen davon, welche äußeren Umstände, welche Orte und Stimmungen und welche Umgebung für uns zur Liebe gehören. Diese können sich durchaus von Zeit zu Zeit verändern. So mag manchmal Ihr Bedürfnis nach Sicherheit am stärksten sein und manchmal Ihr Wunsch nach einer tiefen emotionalen Verbindung, aber immer existieren bestimmte Erlebnisse und Verhaltensweisen, die Ihnen das Gefühl vermitteln, wirklich geliebt zu werden.

Wenn Sie nicht wissen, wodurch Sie sich geliebt fühlen, ist es schwierig, die Liebe zu erkennen, wenn Sie zu Ihnen kommt. Denken Sie einen Moment lang über Ihre Vorstellungen nach, und schreiben Sie die Antworten zu folgenden Fragen auf:

* Wodurch fühlen Sie sich wirklich geliebt? Geschieht es durch Worte oder die Art, Sie zu berühren oder anzusehen?
* Welche Worte möchten Sie hören? Auf welche Weise möchten Sie berührt werden? Wie möchten Sie angeschaut werden?

* Auf welche Weise sollte der Mensch, der Sie liebt, die Gaben ehren, die Sie mit in eine Beziehung bringen? Indem er es Ihnen sagt? Indem er Ihnen Briefe schreibt? Indem er für Sie sorgt? Indem er Sie liebt? Indem er jedesmal vor Freude lacht, wenn er eine Ihrer bezaubernden Seiten entdeckt? Indem er sich bei Gott für Sie bedankt? Indem er all seinen Freunden von Ihnen erzählt? Indem er die Nachricht von Ihrer großen Liebe über das Internet verbreitet? Indem er Ihnen nachts ins Ohr flüstert, wie sehr er Sie liebt?

* Wo würden Sie Ihre Liebe gerne erleben? In Ihrer Wohnung? In der Ihres Partners? In einem gemeinsamen Haus? Auf einem Boot? Einer Hütte in den Tropen? In Flugzeugen und Hotels? In einer kleinen Stadt in der Nähe Ihrer Eltern? So weit wie möglich von Ihren Eltern entfernt? In der Großstadt? Auf dem Lande? Dort, wo es ohne Unterlaß schneit, oder dort, wo es immer warm ist?

Wenn Sie mit Ihrer Liste fertig sind, stecken Sie sie in einen Briefumschlag und verbergen Sie diesen irgendwo. Dann warten Sie ab, was passiert. Allein die Tatsache, daß Sie diese Dinge aufgeschrieben haben, wird den Strahl Ihrer Intention verstärken.

Die Symphonie
des emotionalen Austauschs

Durch die verschiedenen Facetten der Selbsterkenntnis – das Verstehen Ihres Lebensthemas, das ehrliche Anerkennen Ihrer Grenzen, das Zelebrieren Ihrer Gaben und das Wissen, auf welche Weise Sie geliebt werden möchten – werden Sie nicht nur ein würdiger, sondern geradezu ein perfekter Kandidat für eine Liebesbeziehung. Denn wenn es darum geht, sich zu verlieben, ist nichts wichtiger, als zu wissen, wer Sie wirklich sind und was Sie auf der emotionalen Ebene brauchen.

Das liegt daran, daß enge Beziehungen vor allem emotionale Interaktionen sind. Sie inspirieren große Emotionen; sie heilen unsere verletzten Gefühle; sie sind eine Symphonie des emotionalen Austausches, in der wir unsere Angst und Freude, unsere Enttäuschung und unseren Ärger, unsere Erregung und Leidenschaft, unsere Wut, Hoffnung und Trauer täglich ausdrücken.

Gefühle sind das Material, aus dem jede Beziehung gemacht ist. Sie zeigen uns, wer wir sind; sie führen uns zu dem, was wir sein werden. Je mehr wir mit unserem emotionalen Selbst vertraut sind, je mehr wir unseren Frieden mit ihm schließen und es offen und ehrlich zeigen können, desto mehr sind wir darauf vorbereitet, die Freude, die Harmonie und die Geselligkeit zu genießen, die eine enge Beziehung mit sich bringt.

4
Finden Sie heraus,
warum Ihnen die Liebe
bisher versagt blieb

Es mag Ihnen wie ein unlösbares Rätsel erscheinen, warum es zu diesem Zeitpunkt in Ihrem Leben keine Liebe gibt, aber das ist es nicht. Denn hinter dem Vorhandensein oder Nichtvorhandensein einer Beziehung stecken ganz bestimmte, unbewußt operierende Kräfte, die dazu beitragen, genau die Situation zu erschaffen, in der Sie sich zur Zeit gerade befinden.

Es ist möglich, daß Sie zu sich selbst sagen: «Aber ich möchte mich doch verlieben. Wieso kommt dann niemand und nimmt mich mit in den siebten Himmel?» Gleichzeitig sind aber auch Kräfte am Werk, die Sie bisher nicht wahrgenommen haben. Wenn Sie sich das bewußtmachen, werden Sie erkennen können, auf welche Weise diese bisher verhindert haben, daß Sie die Liebe finden. Indem Sie diese Kräfte ans Licht holen, werden Sie in die Lage versetzt, dem Menschen zu begegnen, den Sie so gerne lieben würden.

Tatsächlich gibt es immer eine ganze Reihe von Gründen, weshalb Sie zur Zeit keine Beziehung haben. Manche davon können Sie beeinflussen, andere aber nicht. Zu denen, auf die Sie Einfluß haben, gehören die psychischen und situationsbedingten Ursachen, die in den geheimen Kammern Ihres Unbewußten verborgen sind. Diese sind vor allem: Ambivalenz gegenüber Beziehungen allgemein, situationsbedingte Konflikte, die unvollständige Verarbeitung einer vorangegangenen Beziehung und die Angst, Ihren tiefsitzenden Ängsten ins Auge schauen zu müssen. Lassen Sie uns zunächst einen Blick auf die Ambivalenz werfen.

> *Sich nach einer Beziehung zu sehnen*
> *heißt noch nicht,*
> *sie aus tiefstem Herzen zu bejahen*

Es gibt keinen Menschen auf dieser Erde, der nicht irgendeine Art von Ambivalenz gegenüber Beziehungen hat. Das liegt daran, daß wir uns zwar verlieben möchten, gleichzeitig aber dabei sind, uns als Individuen zu definieren. Intuitiv wissen wir nämlich, daß unsere Einzigartigkeit das kostbarste Geschenk ist, das wir je bekommen haben. Jedem von uns wurde die Ehre zuteil, ein Mensch zu sein, der sich eindeutig von anderen Menschen unterscheidet und deshalb einmalig ist. Jeder von uns trägt ein nur ihm eigenes Gewand aus Körper, Gesicht, Seele und Gefühlen. Daher konzentrieren wir uns im Laufe unseres Lebens auch darauf herauszufinden, wer wir sind; wie wir genau das werden können, was unserer Bestimmung entspricht; wie wir die höchste Erfüllung finden und uns selbst auf bestmögliche Weise entwickeln können.

Gleichzeitig verspüren wir aber auch eine tiefe Sehnsucht nach Vereinigung, nach der Auflösung unserer Grenzen, nach Verschmelzung und Zusammensein. Wir möchten nicht mit uns selbst allein sein – so wunderbar wir auch sein mögen –, wir möchten mit einem anderen Menschen verbunden sein und in der köstlichen Süße des Gefühls der Zusammengehörigkeit schwimmen. Und so verhalten wir uns im Laufe unseres Lebens immer etwas schizophren, da wir einerseits absolut sicher sein wollen, daß wir zu dem werden können, was unserer Natur entspricht, andererseits aber nicht nur alle Vorsicht über Bord werfen möchten, sondern auch unsere Einzigartigkeit, um in der klebrigen Süße der Vereinigung mit einem anderen Menschen unterzugehen.

Aufgrund dieser ständigen Zerrissenheit verspürt jeder von uns eine gewisse Ambivalenz, die Ausdruck der intuitiven Erkenntnis ist, daß eine Beziehung nicht nur eine Erfahrung völliger Selbstverwirklichung ist, in der wir alles, was wir uns wünschen, auf einem silbernen Tablett serviert bekommen und in der wir weder Kompromisse schließen noch Schmerzen erleiden müssen.

Da wir schließlich nicht dumm sind, wissen wir natürlich, daß zu jeder Beziehung Kompromisse gehören, daß wir einen anderen Menschen in seiner Einzigartigkeit, seiner Komplexität und mit all seinen Bedürfnissen annehmen und ihn mit seinem gesamten psychologischen Gepäck, seinen irritierenden Angewohnheiten und Ungereimtheiten ertragen müssen. Selbst ein Märchenprinz oder eine Traumfrau werden ein paar kleine, aber störende Macken haben, mit denen wir uns auseinandersetzen müssen. Und weil wir das wissen, sind wir gespalten. Wir möchten uns zwar verlieben, wissen aber, daß es weder ein Zuckerlecken noch ein Kinderspiel werden wird.

Zwar unterscheidet sich das Ausmaß der Ambivalenz stark von einem Menschen zum anderen, aber grundsätzlich geht es dabei entweder um die Angst, verlassen oder um die Angst, überfordert zu werden.

Wenn Sie in der Vergangenheit bereits ein- oder mehrmals verlassen wurden, verspüren Sie wahrscheinlich einen starken Wunsch nach der Nähe und der Geborgenheit, die eine Beziehung verspricht. Da Sie aber gleichzeitig nie wieder verlassen werden möchten, kann Ihre Ambivalenz ziemlich groß sein. So tanzen Sie mit einem Fuß in eine Beziehung hinein, während Sie mit dem anderen schon wieder davonschleichen. Es ist fast so, als würde eine kleine Stimme uns zuflüstern: «Ich weiß, wie es ist, erst geliebt und dann verlassen zu werden, und ich werde mich dieser Gefahr nie wieder aussetzen. Ich möchte zwar geliebt werden, aber diese Situation macht mir zuviel Angst.»

Wenn Sie aber in einer Familie mit zwölf Kindern aufgewachsen sind und sich in dieser Situation völlig überfordert gefühlt haben, werden Sie einerseits genug vom Zusammensein mit anderen Menschen haben und sich nach Einsamkeit und nach der Wahrung Ihrer Privatsphäre sehnen, andererseits aber die Nähe, die Sie in Ihrer Kindheit erlebt haben, schätzen und sich daher stark nach einer intimen Beziehung sehnen. Grund genug für eine tiefgehende Ambivalenz.

Ich möchte allerdings darauf hinweisen, daß die Umstände Ihrer Kindheit Ihre spezielle Art von Ambivalenz nicht hundertprozentig festlegen, da diese auch von den nur Ihnen eigenen emotionalen Strategien bestimmt wird, die Sie entwickelt haben, um mit der damaligen Situation fertigzuwerden. Am wichtigsten ist es daher, sich daran zu erinnern, daß jeder von uns eine einzigartige, tief verwurzelte Ambivalenz gegenüber Beziehungen hegt. Es ist deshalb so wichtig, dies zu erkennen, weil sie immer wirkt, und während Sie nichts Böses ahnend darauf warten, daß jemand auftaucht, den Sie lieben können, wird die Ambivalenz ihre Arbeit tun.

Ich sage «nichts Böses ahnend» und meine «ohne Bewußtsein dieser Probleme», weil Sie, wenn Sie bei vollem Bewußtsein auf die Liebe warten, sich dieser Konflikte völlig gewahr sein werden. Wenn Sie dann dem Menschen begegnen, in den Sie sich verlieben können, und am liebsten davonlaufen möchten, können Sie zu sich selbst sagen: «Aha, da ist ja meine Ambivalenz. Hallo, ich erinnere mich noch gut an dich. Du bist das, was mir immer im Weg steht, wenn ich die Gelegenheit habe, mich zu verlieben; du bist es, die alle möglichen Ängste hat und immer Einwände vorbringt. Aber weißt du was? Dieses Mal werde ich mich einfach über dich hinwegsetzen und mich trotzdem verlieben, denn für diesen Menschen bin ich bereit, das Risiko einzugehen.»

Noch ein Wort zur Ambivalenz: Es ist völlig in Ordnung, sie zu spüren, auch wenn der «gesunde Menschenverstand» das Gegenteil behauptet. Der sagt nämlich: «Wenn man sich verlieben will, sollte man das nur hundertprozentig tun.» Leider erlauben wir nämlich unserer Ambivalenz so häufig, unsere Beziehungen zu sabotieren oder uns daran zu hindern, überhaupt welche einzugehen, weil wir sie nicht anerkennen.

Wenn Sie Zweifel an der wahren Macht der Ambivalenz hegen, unsere Beziehungen zu beeinflussen, möchte ich Ihnen hier eine Geschichte mitteilen, um diese zu zerstreuen. Claire war eine Klientin, die ständig auf der Suche nach Liebe zu sein schien. Sie war in den Dreißigern, sehr erfolgreich und vor ein paar Jahren kurz mit einem Mann verheiratet gewesen, dessen Beruf es erforderlich machte, daß er mehr als die Hälfte des Jahres im Ausland verbrachte. Ihr eigener Beruf – Handelsvertreterin für eine Schallplattengesellschaft – brachte es ebenfalls mit sich, daß sie manchmal wochenlang nicht zu Hause war. Im Laufe ihrer gesamten zweieinhalbjährigen Ehe verbrachten sie und ihr Mann nicht mehr als drei aufeinanderfolgende Wochenenden miteinander. Als sie sich dann scheiden ließen, war Claire davon überzeugt, daß das Scheitern ihrer Ehe darin begründet lag, daß sie nie viel Zeit miteinander verbracht hatten.

Während der Therapie erklärte sie als ihr Ziel, einen Mann kennenzulernen und zu heiraten. Sie sagte außerdem, daß sie im vergangenen Jahr «eine Großkampagne gestartet hatte, um einen Mann zu finden», der aber kein Erfolg beschieden war. Sie hatte unzählige Kontaktanzeigen aufgegeben und auf andere geantwortet, war einer ganzen Reihe von Single-Klubs beigetreten und allein in den Urlaub gefahren. Aber ihre Bemühungen hatten nur zu einer endlosen Reihe von unbefriedigenden Abenteuern geführt, von denen einige eine Woche, andere ein paar Monate dauerten.

Erst als ihr bewußt wurde, daß sie von ihrem

Bruder sexuell mißbraucht worden war, konnte sie anerkennen, daß sie unbewußt jede Beziehung sabotiert hatte, da sie sich insgeheim vor einem engen Kontakt zu einem Mann fürchtete. Während sie die schmerzhaften Gefühle, die mit dem Mißbrauch zusammenhingen, verarbeitete, wurde sie immer fähiger, über ihre Ängste hinauszugehen und in jeder Beziehung etwas mehr zu riskieren, bis sie zu meiner großen Freude vor zwei Jahren heiratete und seitdem glücklich ist.

Ich will mit dieser Geschichte nicht andeuten, daß auch Sie in Ihrer Kindheit sexuell mißbraucht worden sind, wenn Sie jetzt keine Beziehung haben. Ich möchte Sie nur ermutigen, über die Gründe nachzudenken, weshalb Sie alleine sind, da es immer welche gibt.

Machen Sie den Ambivalenz-Test

Lassen Sie uns nun einen Blick auf Ihre eigene Ambivalenz gegenüber Beziehungen werfen. Wenn Sie zur Zeit allein sind, schieben Sie einen Moment lang all Ihre ideologischen Erklärungsversuche zur Seite, und lösen Sie sich bitte von dem, was Sie *meinen zu fühlen,* und gestatten Sie sich, sich anzuschauen, worin Ihre Ambivalenz bestehen könnte. Um herauszufinden, ob Sie Angst davor haben, verlassen oder überfordert zu werden, beantworten Sie sich bitte die folgenden Fragen:

* Wurden Sie als Kind verlassen – durch Adoption, eine längere Trennung, den Tod eines Elternteils? Oder gab es eine nicht so offensichtliche Art von Verlassenwerden, die Ihnen nicht bewußt ist und die Ihre Fähigkeit, Beziehungen einzugehen, beeinträchtigt – die Trennung von älteren Geschwistern oder von alkohol- oder arbeitssüchtigen Eltern; zu viele Brüder und Schwestern, so daß Sie nie genug Zuwendung erhielten?

* Waren Ihre Mutter, Ihr Vater oder beide Eltern so sehr auf Sie fixiert, so fordernd oder emotional erdrückend, daß Sie Angst haben, wieder überfordert zu werden, so daß Ihre Bereitschaft, jemandem nahezukommen, dadurch unterminiert wird?

* Wurden Sie als Kind sexuell mißbraucht oder körperlich mißhandelt? Wurden Ihnen Schuldgefühle eingeredet, so daß Sie jetzt Angst davor haben, wieder verletzt oder mißbraucht zu werden?

Seien Sie sich selbst gegenüber ehrlich, während Sie über diese Fragen nachdenken, und bemühen Sie sich, Hinweise auf das Wesen der Widerstände zu finden, die Sie jetzt behindern. Um dann eine realistische Einschätzung vornehmen zu können, wie groß Ihre Ambivalenz ist, beantworten Sie bitte noch die folgenden Fragen:

* Welcher prozentuale Anteil von Ihnen möchte auf einer Skala von 1 bis 100 zu diesem Zeitpunkt wirklich in einer Beziehung sein, und welcher Teil möchte, daß Sie Ihren Weg allein gehen?
* Wieviel Freiheit sind Sie bereit aufzugeben? Einen Tag pro Woche oder zwei? Sind Sie bereit, Ihre gesamte Zeit mit einem anderen Menschen zu teilen?
* Wieviel von Ihrem Besitz sind Sie bereit in eine neue Beziehung einzubringen? Ihr Haus, Ihr Auto, Ihre Ersparnisse, Ihren Freundeskreis?

Ein Mann in den Dreißigern beantwortete diese Fragen, indem er sagte: «Mir wird erst jetzt bewußt, daß ich von meiner Mutter kontrolliert und völlig überfahren wurde. Ich habe in mehreren Beziehungen ähnliche Erfahrungen gemacht, und mir wird klar, daß ich nicht bereit bin, meine Zeit und meinen Besitz mit einem anderen Menschen zu teilen. Zur Zeit liegen meine Prioritäten bei mir selbst und bei der Arbeit an meinen Gefühlen. Ich möchte lernen, wie ich die Grenzen ziehen kann, die ich brauche, um in einer Liebesbeziehung glücklich zu sein.»

Wie Sie aus dieser Reaktion ersehen können, wird Ihnen die Beantwortung dieser Fragen helfen, realistisch einzuschätzen, wie sich Ihre Ambivalenz auswirkt, und zu erkennen, wie Sie verhindern können, daß diese Ihren Wunsch nach einer Beziehung sabotiert. Erwarten Sie nicht, daß die Ambivalenz auf der Stelle verschwindet, wenn Sie erst einmal erkannt haben, worin sie besteht und wie groß sie ist, aber verstehen Sie, daß Sie ihr nicht die Kontrolle über Ihr Leben zu übergeben brauchen, wenn Sie sich verlieben möchten.

Müssen Sie zur Zeit vielleicht allein sein?

Ihre Ambivalenz ist aber wahrscheinlich nicht der einzige Grund, aus dem Sie gerade jetzt nicht in einer Beziehung sind, denn zu bestimmten Zeiten Ihres Lebens ist es tatsächlich notwendig, daß Sie allein sind. Es gibt eine Menge Gründe, warum Sie gerade nicht über die Kraft verfügen, die Sie für eine enge Beziehung brauchen. Ein geschiedener Vater in den Vierzigern sagte mir kürzlich: «Ich habe einfach im Moment nicht die Energie für eine Beziehung, weil ich meine ganze Aufmerksamkeit meiner Tochter widmen möchte. Sie wird bald ihr Studium beginnen, und da ich sie in der Vergangenheit stark vernachlässigt habe, möchte ich mich jetzt ganz und gar auf sie konzentrieren.»

Wir alle wissen intuitiv, daß eine Beziehung Arbeit bedeutet, wobei ich hier nicht von dem spreche, was Paare meinen, wenn sie sagen, sie würden «an ihrer Beziehung arbeiten», nachdem etwas schiefgelaufen ist und die Beziehung nur durch eine Anstrengung zu retten ist. Ich meine hier einfach die Energie, die wir aufbringen müssen, wenn wir uns emotional, geistig, sexuell und spirituell auf einen anderen Menschen einlassen wollen.

Denn trotz allem, was uns eine Beziehung bringt, verausgaben wir dabei auch unsere Energie. Das Beste in uns will großzügig mit dieser Kraft umgehen: Wir möchten die Zeit aufbringen, aus den Tiefen unserer Seele und von ganzem Herzen mit einem anderen Menschen zu spielen und zu arbeiten. Wenn wir unsere energetische Investition allerdings realistischer betrachten wollen, sollten wir einen Moment innehalten und uns anschauen, was wir zur Zeit in unserem Leben brauchen. Das kann dazu führen, daß wir unter Umständen sagen müssen: «Mein Teller ist bereits voll, ich kann mir nicht auch noch eine Beziehung auffüllen.»

Manche Menschen, die eine besonders schwierige Beziehung hinter sich haben, werden vielleicht sogar geradeheraus sagen: «Ich will jetzt keine Beziehung, ich möchte alleine sein.» Jeder von uns fühlt vielleicht irgendwann einmal, daß eine Beziehung zur Zeit gerade nicht angebracht ist. Werden Sie sich darüber klar, ob Sie sich momentan in einer solchen Phase befinden.

Vor allem denken Sie immer daran, daß es völlig in Ordnung ist, wenn Sie sich dafür entscheiden, eine Zeitlang alleine zu bleiben, selbst wenn Sie sich eigentlich nach Partnerschaft und Familie sehnen. Mir fällt da ein erfolgreicher jüngerer Freund ein, der sich nach jahrelanger Unzufriedenheit mit seiner Arbeit in einer Rehabilitationsklinik entschloß, sein eigenes Fitneßstudio zu eröffnen. Zur Erreichung seines Ziels arbeitete er 40 Stunden in der Woche, um das dafür notwendige Geld aufzubringen, und die gleiche Anzahl Stunden, um die Mitglieder zu trainieren. Oft, wenn er seinen Klienten die Übungen zeigte, fragten sie ihn: «Kerry, dein Geschäft läuft doch so toll. Wann wirst du dich endlich verlieben?» Und er antwortete darauf immer: «Zur Zeit wird meine gesamte Energie vom Geschäft in Anspruch genommen. Ich komme kaum zum Schlafen, und ich habe ganz sicher nicht die Kraft, jetzt auch noch eine Beziehung einzugehen.» (PS: Nachdem Kerrys Fitneßstudio einige Jahre lang erfolgreich lief, lernte er eine tolle Frau kennen, und die beiden sind heute glücklich miteinander verheiratet.)

Ich kannte auch eine junge, geschiedene Frau, Mutter zweier Jungen, die bei einem Frontalzusammenstoß schwer verletzt worden war. Viele ihrer Freunde ermutigten sie, doch auszugehen, um sich zu verlieben und einen Partner zu finden, der ihr etwas von ihrer Last als alleinerziehende Mutter abnehmen könnte. Aber sie sagte immer nur: «Ihr versteht das nicht. Die Jungen sind zur Zeit meine Beziehung. Mehr kann ich nicht verkraften. Ich bin nicht in Stimmung für die Liebe, ich mache mir zu viel Sorgen um meine Kinder.»

Diese Geschichten zeigen, daß es Phasen in unserem Leben gibt, in denen die Umstände uns die Entscheidung abnehmen. Sollten Sie sich zur Zeit in einer solchen Situation befinden, brauchen Sie keine Angst davor zu haben, sich dies einzugestehen. Oft verführt uns unsere Sehnsucht nach Liebe dazu, unrealistisch zu sein und Dinge zu sagen wie: «Ich kann zwei Jobs gleichzeitig schaffen und noch einen Liebhaber dazu.» Und wir glauben dann allen Ernstes, daß wir genug Kraft haben, um diesem Menschen das Gefühl zu geben, geborgen zu sein und geliebt zu werden.

Wenn wir uns in einer solchen Situation befinden, schaffen wir uns Beziehungen, die nicht nur enttäuschend sein können, sondern sogar zerstörerisch – für uns selbst und für den anderen Menschen, der daran beteiligt ist. Niemand möchte in einer Liebesbeziehung ausgelaugt werden oder zu kurz kommen. Deshalb ist es so wichtig, sich selbst gegenüber absolut ehrlich zu sein, ob wir unter unseren gegenwärtigen Umständen wirklich in einer Beziehung glücklich sein können oder nicht.

Wenn Sie einerseits sagen: «Wieso gibt es niemanden, in den ich mich verlieben kann?», andererseits aber erkennen, daß Sie sich das Leben so eingerichtet haben, daß Sie es genießen, allein zu sein, dann wird die Liebe, nach der Sie sich sehnen, Ihnen nicht vor die Füße fallen. Tatsache ist dann nämlich, daß Sie sich das Alleinsein, das Sie jetzt gerade brauchen, selbst geschaffen haben – aus welchen Gründen auch immer – sei es, daß Sie noch Zeit zur Heilung oder für Ihr persönliches Wachstum brauchen oder daß Sie sich gerade ganz Ihrer Karriere widmen wollen.

Es kommt gelegentlich vor, daß eine ganz große Liebe und zwei wahrhaft Liebende diese gewaltigen Hindernisse überwinden können, aber meistens gelingt das nicht. Normalerweise wird jeder, der auf der Suche nach einer Beziehung ist, sich aus reinem Selbsterhaltungstrieb von Ihnen zurückziehen, wenn er merkt, daß Sie sich bewußt oder unbewußt gegen die Liebe wehren. Denn es ist eine Tatsache, daß Sie anderen Menschen auf irgendeine Weise, bewußt oder unbewußt, mitteilen, daß Sie sich dafür entschieden haben, keine Beziehung eingehen zu wollen. Und die in Frage kommenden Partner werden es auf die eine oder andere Weise hören.

Beantworten Sie bitte jetzt die folgenden Fragen:

* Wie sehen Ihre Umstände zur Zeit aus?
* Ist Ihr Energiekonto so überzogen, daß Sie keine körperliche oder emotionale Energie in eine Beziehung investieren können?

Einer meiner Klienten schrieb als Antwort auf diese Fragen folgendes: «Wenn ich mir gegenüber wirklich ehrlich bin, wird mir klar, daß ich jetzt gar keine Zeit für eine Beziehung habe. Ich widme meine gesamte Zeit meiner Karriere, und ich bin nicht bereit, Energie von meiner Arbeit abzuziehen, um sie in den emotionalen Austausch mit einem anderen Menschen zu investieren. Ich würde mich nicht gerade als Workaholic bezeichnen, denn das wäre ja furchtbar, aber ich habe Jahre in diese Karriere investiert, und sie erfüllt mich nun einmal zur Zeit am meisten. Die einzige Beziehung, die ich im Moment eingehen könnte, wäre eine sehr lockere.»

*Haben Sie Ihre letzte Beziehung
schon verarbeitet?*
Vielleicht hindern Sie aber gar nicht die fehlende Zeit oder die mangelnde Energie daran, die große Liebe Ihres Lebens zu finden, sondern einfach die Tatsache, daß Sie emotional oder sexuell noch an einer vergangenen Beziehung hängen. Sollte das zutreffen, ist es nun an der Zeit, mit den Aufräumarbeiten zu beginnen, denn eine neue Liebe wird

nicht in Ihr Leben treten können, wenn sich in dem herzförmigen Kämmerchen noch der Schatten eines anderen aufhält. Gleich ob es sich nur um nostalgische Gefühle den guten alten Zeiten gegenüber oder um eine weiterbestehende sexuelle Anziehung handelt, verhindern derartige Berührungspunkte stets, daß Sie wirklich verfügbar sind.

Viele von uns haben Angst, in die Leere hineinzuspringen, aber nur in diesem Zustand kann die Liebe zu uns kommen. Statt dessen möchten wir uns oft lieber an die Vergangenheit festklammern. Wie mir eine meiner Freundinnen sagte: «Ich habe so große Angst, daß ich lieber meine alten ausgelatschten Sandalen behalte, obwohl ich weiß, daß ich, wenn ich sie endlich wegschmeißen würde, an ihrer Stelle ein neues Paar Tanzschuhe bekommen könnte.»

Leider haben viele von uns wie meine Freundin eine solche Angst vor der Leere, daß wir uns lieber an unserem vertrauten Unglück festhalten, als wirklich loszulassen und Platz für einen neuen Menschen zu schaffen. Aber damit die Liebe in Ihr Leben treten kann, braucht sie Raum, und damit die wirklich große Liebe zu Ihnen kommen kann, müssen Sie ihr einen riesigen Platz freiräumen.

Wenn das eben Gesagte auf Sie zutrifft, ist es an der Zeit, mit dem Großreinemachen zu beginnen: Trennen Sie sich von Ihrem Phantomgeliebten; von dem verheirateten Mann, den Sie nur alle drei Wochen einmal sehen; von der Frau, mit der Sie letzten Sommer auf Ihrer zweiwöchigen Spanienreise geflirtet haben. Hören Sie auf, sich seufzend die Fotos von Ihrem letzten Urlaub auf Hawaii anzuschauen – in dem Sie beide sich sowieso die ganze Zeit über nur gestritten haben. Vergessen Sie all die Männer und Frauen, die sich vielleicht eines Tages möglicherweise von ihrem Partner trennen könnten, um zu Ihnen zu kommen.

Es gibt eine Menge Gründe, weshalb wir uns an alten Liebhabern oder Phantasiegeliebten festhalten. Es macht Angst, ganz allein auf der Welt zu sein, und viele von uns fürchten, daß die letzte halbwegs befriedigende Liebesaffäre auch schon die letzte gewesen sein könnte. Es ist aber leider genau die Einstellung, daß die Dinge niemals besser werden, die dafür sorgt, daß wir nicht weiterkommen und allein bleiben.

Ich kenne Hunderte von Leuten, die Beziehungen beendet haben, an denen 10, 50 oder 80 Prozent ihrer Persönlichkeit lieber festgehalten hätten. Jahre später hat nicht einer von ihnen bereut, daß sie es dennoch getan haben, und alle, die sich seitdem verliebt haben, sind glücklicher, als sie es in der vorangegangenen Beziehung waren.

Natürlich tauchen im Laufe dieses Prozesses eine Menge Ängste auf. «Wird mich jemals wieder jemand lieben?» «Muß ich wieder all dies Leiden durchmachen?» «Ich werde schließlich nicht jünger. Wie oft muß ich das denn noch erleben?» «Ist die Taube auf dem Dach wirklich besser als der Spatz in der Hand?»

Niemand kann Ihnen garantieren, daß tatsächlich alle Ihre Wünsche wahr werden. Aber wenn Sie nicht reinen Tisch machen, sind Ihre Chancen auf jeden Fall gleich Null. Ganz gleich, wie vertraut Ihre alten Latschen aussehen mögen, sollten Sie sie ins Feuer werfen und sich auf Ihre neuen Tanzschuhe freuen.

Steht Ihnen noch etwas im Weg?

Wenn es Ihnen schwerfällt, Platz zu schaffen, kann das auch daran liegen, daß eine vergangene Beziehung Sie so sehr verletzt hat, daß Sie um sich herum Mauern errichtet haben, um zu verhindern, daß Sie sich wieder verlieben. Es muß nicht einmal Ihre letzte Beziehung sein, die der Grund dafür ist. Ich habe herausgefunden, daß viele Menschen noch unter ihrer Schüler- oder Studentenliebe, unter einer leidenschaftlichen Sommeraffäre oder ihrer längst vergangenen ersten Ehe leiden und daß ihnen diese trotz anderer Beziehungen, die sie in der Zwischenzeit hatten, immer noch im Weg stehen. Wenn Sie verletzt worden sind und der Wahrheit über Ihren Verlust oder Ihren Schmerz noch nicht ehrlich ins Auge geschaut haben, dann werden Sie unbewußt Barrieren errichten, um sich nicht wieder zu verlieben. Um eine neue Beziehung eingehen zu können, ist es besonders wichtig herauszufinden, auf welche Weise Ihr ungelöster Schmerz Sie zurückhält. Solange Sie die Wunden der Beziehung, in der Ihr Herz gebrochen und in tausend Stücke gerissen wurde, nicht geheilt haben, werden Sie nicht lieben können. Schon deswegen ist es nötig, daß Sie sich Ihre unbewußten Motive bewußt machen. In diesem Prozeß müssen Sie dem ins Gesicht schauen, was in der vergangenen Beziehung so schmerzhaft war, und Ihre Wut und Ihre Trauer darüber ausdrücken.

Wenn Sie schon eine Vermutung haben, was Sie zurückhält, und wenn Sie die Dynamik Ihrer vergangenen Beziehung gründlich verstehen und einen umfassenden Selbstheilungsprozeß einleiten möchten, empfehle ich Ihnen mein Buch *Die Zeit der Liebe*. Wenn dessen Lektüre Sie der Lösung nicht näherbringt, sollten Sie die Hilfe eines Therapeuten in Anspruch nehmen.

Ich habe in meiner Praxis festgestellt, daß die folgenden Fragen oft ein guter Anfang sind. Sie helfen Ihnen, auf der emotionalen Ebene reinen Tisch zu machen, so daß Sie in die Lage versetzt werden, wieder von ganzem Herzen zu lieben.

* Was ist das unerträglich Schmerzhafte an der vergangenen Beziehung, über das Sie anscheinend nicht hinwegkommen können? Schreiben Sie einen Brief an den betreffenden Menschen, und drücken Sie sich aus. Sagen Sie ihm alles!

* Schreiben Sie nun einen Antwortbrief, von dem Sie sich wünschen, daß Sie ihn von Ihrem damaligen Partner erhalten hätten. Achten Sie darauf, wieviel Schmerz sich auflöst, während Sie ihn schreiben.

* Was war so wunderbar, so besonders und so unersetzlich an der vergangenen Beziehung? Woran hängen Sie immer noch mit Ihrem Herzen? War es der tolle Sex, die Geburt Ihres Kindes, die gemeinsamen Wanderungen, der Klang ihrer oder seiner Stimme, die Magie der psychischen Verbundenheit? Schreiben Sie alles auf, was Ihnen zu diesem Thema einfällt.

* Tun Sie jetzt wieder so, als ob Sie Ihr damaliger Partner wären, und schreiben Sie sich einen Brief, in dem Sie ausdrücken, wie sehr auch Sie die Verbindung vermissen und wie sehr auch Sie gelitten haben, als sie zu Ende ging. Lassen Sie sich weinen. Achten Sie dann darauf, wieviel Schmerz sich nun auflöst.

Wenn unser Herz in der Vergangenheit gebrochen wurde, hat jeder von uns heute eine Wahl. Wir können diese Erfahrung zur Grundlage unseres restlichen Lebens werden lassen (und uns für ein Leben in Einsamkeit und Isolation entscheiden), oder wir können beschließen, uns durch die alte Trauer hindurchzuarbeiten, unsere Wunden zu heilen, unseren Wunsch nach Liebe wieder zum Leben zu erwecken und uns bewußt darauf vorzubereiten, wieder zu lieben. Wenn Ihnen dieses Problem im Weg steht, hoffe ich, daß Sie den Mut haben, Ihren Heilungsprozeß abzuschließen, und daß Sie es wagen, Ihr Herz wieder zu öffnen.

Ohne ein offenes Herz gibt es nämlich keine Liebe, und Sie können nicht verbittert sein und gleichzeitig ein offenes Herz haben. Wenn Sie weiterhin sagen: «Ich kann mich nicht verlieben, weil mich mein letzter Freund verlassen hat» oder «weil ich meine Exfrau mit einem anderen Mann im Bett erwischt habe», werden Sie sich tatsächlich nicht verlieben können. Solange diese Dinge von so großer emotionaler Bedeutung für Sie sind, kann sich Ihr Herz nicht vollständig öffnen.

Natürlich kann das Wunder der Liebe Ihr Herz öffnen, aber selbst eine ganz große Liebe gleicht eher einem Dosenöffner als einem Brecheisen. Wenn Sie wild entschlossen sind, Ihr Herz verschlossen zu halten, wird selbst eine Atombombe es nicht öffnen können.

Ein offenes Herz ist oftmals vernarbt. Manchmal glauben wir, daß sich unsere Herzen nicht öffnen können, weil sie so voller Narben sind, und daß sie durch die Wunden des Betruges, des Verlusts oder der Trauer auf ewig verkrüppelt sein werden. Zwar hinterlassen solche Tragödien tatsächlich ihre Spuren, aber sie machen unsere Herzen oftmals stärker, wenn wir sie verarbeitet haben. Dadurch werden unsere Herzen besser in die Lage versetzt, sich zu öffnen; sie werden fähiger zu erkennen, was Liebe wirklich ist, und sie werden darin bestärkt, die Liebe hineinzulassen.

Schauen Sie
Ihrer größten Angst ins Gesicht

Es ist auch möglich, daß Sie die Liebe noch nicht gefunden haben, weil Sie sich noch nicht Ihrer Angst vor dem Versagen gestellt haben. Da jeder von uns in Beziehungen Fehler gemacht hat, haben wir Angst, wieder alles zu verderben. Jeder von uns hat Erfahrungen gemacht, die uns glauben lassen, daß wir nicht die Begabung oder die Fähigkeit oder einfach nur das Glück besitzen, eine enge Beziehung zu haben.

Manchmal gibt uns diese Angst vor dem Versagen das Gefühl, daß wir irgendwie wie verhext sind und daß wir gar nicht anders können, als immer alles zu vermurksen. Aber das, was wir in der Liebe «Versagen» nennen, ist in Wirklichkeit Wachstum, da selbst unsere sogenannten Fehler unseren Horizont erweitern. Während Sie die Freuden und Leiden intimer Beziehungen erleben, werden Sie immer mehr in die Lage versetzt, sich selbst und andere Menschen anzunehmen. Erkennen Sie, daß Ihre vergangenen Beziehungen Ihre Fähigkeit zu lieben verfeinert haben, und lassen Sie nicht zu, daß Ihnen Ihre vergangenen «Beziehungsfehler» heute im Weg stehen.

Hinter unserer Ambivalenz und unserer Furcht vor dem Versagen steckt eine unserer größten Ängste, denn wenn wir sehr lieben, müssen wir auch immer mit der Möglichkeit des Verlusts rechnen. Zwar denken wir normalerweise nicht ständig darüber nach, aber oft flüstert uns eine leise Stimme zu: «Ich kann nicht zulassen, daß du das tust, denn wenn du es tust, wirst du möglicherweise einen Verlust erleiden, der noch größer ist als die Verluste, die du bisher schon erlitten hast.»

Ich unterhielt mich einmal mit einer Frau, die einen Mann kennengelernt hatte, in dem sie ihren Seelenpartner erkannte. Die Erfahrung hatte sie völlig aus dem Gleichgewicht gebracht, sagte sie mir, denn sie hatte nie daran geglaubt, daß es einen solchen Menschen wirklich geben könnte. Sie erzählte weiter, daß Sie eines Abends unten am Hafen mit diesem Mann spazierengegangen war und sich einfach wunderbar gefühlt hatte.

«Am nächsten Morgen passierte etwas ganz Verrücktes», sagte sie. «Ich wachte auf und war wütend. Es war ein richtiger Schock. ‹Was soll das?› fragte ich mich. ‹Da habe ich endlich den Mann meiner Träume gefunden, und nun bin ich wütend! Ich begreife das nicht.› Plötzlich wurde mir klar, daß ich nicht nur eine gewaltige Liebe zu ihm spürte, sondern auch meine Angst wahrnahm, ihn zu verlieren. Es war erstaunlich. Ich hatte noch nie darüber nachdenken müssen, denn ich hatte noch nie so starke Gefühle für jemanden gehabt und daher auch noch nie gemerkt, wie verletzlich ich im Grunde war. Als ich es dann merkte, machte es mich wütend.»

In gewisser Weise ähneln wir alle dieser Frau. Wir sind wütend oder haben Angst, weil wir immer, wenn wir lieben, auch das Risiko eingehen, diese Liebe zu verlieren. Wir können im Angesicht dieser großen Angst nur dann lieben, wenn wir unsere Herzen so weit öffnen, daß selbst der Schrecken eines möglichen Verlusts des geliebten Menschen nicht groß genug ist, um uns davon abzuhalten, ganz in die Liebe einzutauchen. Ein altes Sprichwort besagt, daß es besser ist, zu lieben und die Liebe zu verlieren, als niemals zu lieben. Das bewahrheitet sich niemals so sehr wie in dem Augenblick, in dem wir unsere größte Angst überwinden und es riskieren, die Wonnen der wahren Liebe zu erleben. Je mehr wir uns unserer Angst bewußt sind, desto mehr werden wir in die Lage versetzt, über sie hinauszuwachsen, wenn die Liebe an unsere Tür klopft.

Ehrlichkeit ist die beste Politik

In jedem von uns wirken also eine Reihe von unbewußt ablaufenden Mechanismen, während wir – oftmals verzweifelt und voller Sehnsucht – vor dem großen Tor der Liebe stehen. Wir alle behaupten, daß wir lieben und geliebt werden möchten, aber wir müssen anerkennen, daß auch andere Stimmen etwas dazu sagen möchten, und daß diese eine ganz andere Botschaft vermitteln als die lauteste Stimme, von der wir glauben, sie leite uns.

Wenn Sie darüber nachdenken, warum Sie die Liebe bisher nicht gefunden haben, ist es am wichtigsten, absolut ehrlich zu sein. Wir alle formen und beeinflussen die Realität, in der wir leben, und obwohl wir uns nicht immer darüber im klaren sind, was uns zu schaffen macht und auf welche Weise unsere Hebel in Bewegung gesetzt werden, so wirken wir doch an der Gestaltung unseres Lebens mit. Wir sind in einem weitaus größeren Ausmaß die Architekten unseres Lebens, als wir uns meistens bewußt sind. Je mehr wir das erkennen, desto eher werden wir das bekommen, nach dem wir uns von ganzem Herzen sehnen.

5
Entwickeln Sie
Ihre Liebesfähigkeit

Nichts wird die Liebe schneller zu Ihnen bringen als die Entwicklung Ihrer eigenen Liebesfähigkeit, denn in Wahrheit umgibt uns die Liebe von allen Seiten. Wir schwimmen im großen Meer der Liebe und nehmen den Atem der Liebe mit jedem Atemzug in uns auf. Wir alle berühren einander mit Liebe. Die Liebe wird durch jeden Menschen verkörpert, dem wir begegnen, durch jeden Hund, der uns die Hand leckt, durch jeden Goldfisch, der in unserem Aquarium schwimmt, durch jeden Vogel, der sich auf einem Baum niederläßt. Selbst ein Felsen ist für einen Bergsteiger, der einen Berg erklimmt, eine Verkörperung der Liebe und damit Leidenschaft und Verbindung zugleich.

Die Erkenntnis, daß uns jeder Mensch, jeder Augenblick und jede Erfahrung die Möglichkeit bieten, mit der Liebe, die uns alle verbindet, in Kontakt zu treten, ist ein großartiger und wunderbarer Willkommensgruß an die romantische Liebe, nach der wir uns alle sehr sehnen. Da niemand dort erscheinen möchte, wo er nicht eingeladen ist, oder lieben kann, wo nicht geliebt wird, wird der Mensch, den Sie in Ihr Leben bitten, sich um so willkommener fühlen, wenn er in eine Atmosphäre der Liebe eintreten darf. (Tatsächlich wird er einfach gar nicht anders können!)

Wenn Sie liebevoll handeln, wenn Sie großzügig, verständnisvoll, aufmerksam und gütig sind, wenn Sie andere loben und sich sowohl an den Menschen als auch an den anderen Wundern des Lebens erfreuen können, werden Sie einfach unwiderstehlich sein. Sie werden dann eine solche Liebe ausstrahlen, daß sich die Menschen nicht nur zu Ihnen hingezogen fühlen, sondern Sie auch ihrerseits mit Liebe überschütten werden. Denn so wie sich Wasser immer mit Wasser vereinigen möchte, so sucht die Liebe nach sich selbst.

Wenn Sie hingegen in Liebesdingen eine elitäre Einstellung haben und meinen, nur der strahlende Retter in der Not, der Märchenprinz oder die Frau, die die nächsten 30 Jahre lang Ihr Blut zum Kochen bringen wird, können die Nadel auf Ihrer Richterskala der Liebe zum Ausschlagen bringen, dann verschließen Sie den Kanal in sich, durch den Sie die Liebe anziehen können.

Sie können Ihre Chancen am besten dadurch verbessern, daß Sie sich weigern, mürrisch, schlechtgelaunt oder verbittert zu sein oder ein Gesicht aufzusetzen, das ausdrückt: «Alle sind in einer Beziehung. Wieso eigentlich ich nicht?» In dem Augenblick, in dem Sie diese Haltung einnehmen, werden nämlich die kleinen Liebeserlebnisse, die dabei sind, sich um Sie herum zu versammeln, schleunigst das Weite suchen.

Aber wenn Sie es Ihrer liebevollen Energie gestatten, sich nach und nach auf andere Menschen auszudehnen, schaffen Sie Gelegenheiten, in denen sich jemand von Ihnen angezogen fühlen kann. Außerdem werden Sie langsam anfangen zu begreifen, worum es in der Liebe überhaupt geht. Je mehr Erfahrungen dieser Art Sie machen, desto mehr werden Sie entdecken, wie sich Ihr Körper fühlt, wenn Sie eine liebevolle Verbindung eingehen, wie sich Ihre geistige Einstellung verändert, wie sich in der Gegenwart der Liebe Ihre Depressionen auflösen, Ihre Freude größer wird und Ihre Ängste verschwinden.

Und wenn Sie Ihre Erlebnisse aufmerksam und wohlwollend beobachten, werden Sie erkennen, daß Hunderte dieser kleinen Momente Sie auf dramatische Weise verändern: Ein Wort der Anerkennung verschafft Ihnen ein herrliches Gefühl der Ruhe, ein kleines Geschenk das Gefühl des Wohlbefindens, ein tolles Kompliment hebt Ihre Stimmung, und eine tröstende Hand beruhigt das Flattern in Ihrem Bauch.

Was ich mit all dem sagen möchte, ist, daß die Liebe ein Prozeß ist. Sie ist nicht nur ein Meteorit, der vom Himmel fällt und mitten in Ihrem Garten landet, seine interstellaren Landebeine in den Boden gräbt und verkündet: «Ich bin gekommen, um Licht in dein Leben zu bringen!» Liebe ist die fortdauernde Erfahrung, sich in den spirituellen und emotionalen Dimensionen intimer Beziehungen zu üben.

Liebe erfordert Handeln, denn wir sind nicht nur ihre passiven Empfänger, sondern auch ihre Spender. Das mag Ihnen neu sein, da es viel leichter ist, sich auf die Liebe zu konzentrieren, die wir bekommen möchten, statt auf die Liebe, die wir jetzt geben können. Machen Sie nicht denselben Fehler wie eine junge Frau, die ich kannte und die mit 43 Jahren verbittert und zornig starb – und immer noch auf die Liebe wartete. Immer wieder fragte sie: «Warum hat mich nie jemand geliebt? Warum hat mein Mann mich nicht geliebt? Warum hat meine Tochter mich nicht stärker geliebt? Warum liebt mich jetzt niemand?» Sie fragte das, während Freunde und Bekannte an ihrem Bett saßen, ihre Hand hielten, mit ihr redeten und für sie beteten, ihr Bücher und Blumensträuße brachten. Selbst auf ihrem Sterbebett war sie voller Verbitterung und konnte sich der Liebe, die sie von allen Seiten umgab, nicht öffnen – nicht einmal ihrer eigenen, nie mit anderen Menschen geteilten Liebe.

Wenn Sie an der Liebe verzweifeln und sich fragen, warum sie nicht an Ihre Tür klopft, oder wenn Sie – was hoffentlich nie passieren wird – in Ihrer Verbitterung versinken, verlassen Sie Ihre Wohnung, und klopfen Sie an die Tür eines anderen Menschen. Verschenken Sie Ihre Liebe, und noch im selben Augenblick wird die Liebe, die Sie brauchen, zu Ihnen kommen; ja, sie wird bereits bei Ihnen sein.

Sie können in jedem Augenblick Ihres Lebens sowohl ein Lehrer als auch ein Schüler der Liebe sein. Grüßen Sie Fremde, und lächeln Sie sie an, wagen Sie es, ihnen Komplimente zu machen. Denken Sie mit Güte an Ihre Freunde, und ehren Sie sie ohne Unterlaß. Sagen Sie die Dinge, die so offensichtlich sind, daß die meisten Menschen nie darüber sprechen: «Du bist so schön!» «Ich freue mich so, dich wiederzusehen!» «Deine Freundschaft geht mir über alles!» «Ich liebe den Klang deiner Stimme!» «Danke, daß du immer so liebevoll bist!»

Sie werden erfahren, daß Sie Ihr Leben wahrhaft in dem atmenden pulsierenden Netz der Liebe leben werden, wenn Sie es in jedem Augenblick zelebrieren können. Welche kleinen kostbaren Momente Ihnen auch geschenkt werden mögen – und sie werden Ihnen ständig, gratis und ohne jeden Grund geschenkt! –, worin die tausend kleinen Wunder auch bestehen mögen, die Sie jeden Augenblick Ihres Lebens erhalten, nehmen Sie sie wahr und lassen Sie sich von ihnen berühren. Lassen Sie all die kleinen Wunder klar und deutlich in Ihr Bewußtsein treten, denn diese werden Sie auf die großen Wunder vorbereiten. Das Empfangen der kleinen Liebe ist das Trampolin, auf dem Sie höher und höher springen können, um nach der großen Liebe zu greifen, die Sie vollkommen erfüllen wird.

Riskieren Sie es,
verletzt zu werden

Eine Möglichkeit, sich eine liebevolle Lebensweise anzugewöhnen, besteht darin, andere Menschen nicht gleich zu beurteilen, sondern ihnen mit echtem Interesse zu begegnen: «Wer bist du?» «Was geht in dir vor?» «Welche Tragödien haben wohl dein Leben beeinflußt?» Das unterscheidet sich sehr von Fragen wie: «Warum schenkst du mir keine Aufmerksamkeit?» «Wann wirst du mich endlich lieben?» «Warum trägst du immer dieses blöde Hemd und deine ausgebeulten Hosen?»

Wenn wir aufhören, zu kritisieren und zu beurteilen, und einfach mit einem offenen Herzen beobachten, üben wir uns in der Kunst der Liebe auf ihrer grundlegendsten und wunderbarsten Ebene. Diese Bereitschaft, offen zu sein, statt immer gleich Schlüsse zu ziehen, zu analysieren oder nach endgültigen Antworten zu suchen, bereitet uns auf den Zustand der Offenheit vor, in dem eine Liebe in unser Leben treten kann, die größer ist, als wir sie uns vorzustellen vermögen.

Versuchen Sie daher, als Spender ebenso wie als Empfänger der Liebe emotional verfügbar zu sein. Haben Sie keine Angst, um das zu bitten, was Sie brauchen, oder den Wunsch eines anderen Menschen zu erfüllen. Letzte Woche saß im Flugzeug eine Frau neben mir, die sich, kurz nachdem ich mich hingesetzt hatte, an mich wandte: «Ich habe furchtbare Schulterschmerzen. Wären Sie wohl so gut, mir einen Eisbeutel von der Stewardeß zu holen?»

Sie vertraute darauf, daß ich ihr liebevoll begegnen würde. Sie vertraute ebenfalls darauf, daß ich bereit war, ihr eine mitfühlende Freundin zu sein. Ich erinnere mich auch an einen Herrn, der eines Abends in einem New Yorker Theater neben mir saß. Ich lächelte ihn an, bevor die Lichter ausgingen, und ein paar Minuten später sagte er freundlich zu mir: «Dürfte ich Ihnen etwas sagen?» «Natürlich», antwortete ich, und daraufhin sagte er: «Sie sehen sehr schön aus, aber auf Ihren Vorderzähnen haben Sie verschmierten Lippenstift, den Sie vielleicht entfernen sollten.» Er ging das Risiko ein, mir seine Hilfe anzubieten, und ich das Risiko, sie anzunehmen. Dies war der

spontane Augenblick einer liebevollen Verbindung.

Natürlich sind weder das Holen eines Eisbeu-
tels noch das Entfernen von Lippenstiftspuren die
größten Gesten der Liebe, die uns in unserem
Leben jemals widerfahren werden. Aber immer,
wenn Sie ein Wagnis eingehen – sei es ein winzi-
ges oder eines von der Größe eines Berges, sei es,
indem Sie etwas geben oder indem Sie etwas
empfangen, sei es von einem Fremden oder jemandem, den Sie bereits kennen –, öffnen Sie in
sich die gewaltige Kathedrale der Liebe, in die Sie
Ihr ganzes Leben lang zurückkehren können, um
das Loblied der Liebe zu singen.

Außerdem üben Sie sich in den Fertigkeiten,
die Sie brauchen, wenn Sie eine enge Beziehung
eingehen möchten, durch die Sie unweigerlich in
Situationen geraten werden, in denen Sie verletzt
werden könnten. Wenn wir gelernt haben, kleine
emotionale Risiken einzugehen, können wir uns
anschließend an etwas größere wagen. Wir werden dann nicht nur in der Lage sein, um einen
Eisbeutel zu bitten, sondern auch fragen können:
«Würdest du mir wohl zuhören? Kann ich dir von
meiner Angst erzählen, und wirst du mich trösten?»

Sie müssen aber nicht nur bereit sein, emotionale Risiken einzugehen, sondern auch, sich von
den Menschen, denen Sie begegnen, rühren und

berühren zu lassen, da Liebe immer ein wechselseitiger Prozeß des Gebens und Empfangens, des Berührens und Berührtwerdens ist. Wir verschenken Liebe, und wir nehmen sie an, und nur in diesem vollständigen Kreislauf können wir die Liebe in ihrer Totalität erfahren.

Ein Teil dieser Totalität besteht darin zuzulassen, daß Sie von anderen Menschen berührt werden und daß Sie von der Menschlichkeit der anderen beeinflußt werden. Wenn Sie sehen, daß jemand leidet, verspüren Sie Mitgefühl; wenn jemand besonders großzügig war, können Sie Ihre Dankbarkeit offen zeigen. Während Sie von einem dieser Pole zum anderen schwingen, fangen Sie an zu erkennen, daß es die Erfahrung ganz gewöhnlicher Wunder ist, durch die Sie wahrhaft an die allgegenwärtige Macht der Liebe glauben können. Jedes wunderbare oder schmerzhafte Erlebnis in Ihrem Leben kann für Sie eine Gelegenheit sein, Ihre Liebesfähigkeit zu entwickeln, sei es als Empfänger ihres Segens oder als Spender ihrer Gaben.

Lehren Sie sich selbst, offen zu sein und auf andere Menschen zu reagieren, während Sie durch Ihr tägliches Leben gehen. Loben Sie, sorgen Sie für andere, nehmen Sie teil am Leben anderer Menschen, und unterstützen Sie sie auf ihrem Weg. Jeder Augenblick Ihres Lebens, jeder Scheideweg und jede Begegnung bietet Ihnen die

Gelegenheit, Ihre Liebesmuskeln zu trainieren, damit Sie eines Tages zur Weltklasse gehören können.

Jeder Weg, jeder Ort, jede Erfahrung, jeder Mensch und jedes Geschöpf, dem Sie Ihre Liebe schenken, verstärken Ihre Fähigkeit zu lieben. Wenn Ihre Topfpflanzen gedeihen, wenn Ihre Katzen und Hunde glücklich sind, wenn Sie von Ihren Freunden geschätzt und geliebt werden, dann wissen Sie bereits, wie man liebt. Verstärken Sie Ihre Liebesfähigkeit, während Sie darauf warten, daß der Mensch Ihrer Träume in Ihr Leben tritt.

Zeigen Sie, wer Sie wirklich sind

Wenn Sie dann einem Menschen begegnen, der zu Ihnen paßt, besteht eine weitere Möglichkeit, für die Liebe verfügbar zu sein, darin, sich zu offenbaren, sich so zu zeigen, wie Sie wirklich sind. Wenn Sie das tun, hat der Mensch, dem Sie begegnet sind, die Möglichkeit, Ihr wahres Ich zu entdecken. Und wenn Sie sich offenbaren, wird auch er eher bereit sein, sein wahres Selbst zu zeigen. Auf diese Weise erreichen Sie viel schneller ein gewisses Maß an Intimität.

Um dies zu üben, sollten Sie ab jetzt während jeder Begegnung mit einem möglichen Partner drei Dinge von sich offenbaren. Das müssen nicht gleich gigantische Enthüllungen wie ein Kindheitstrauma oder eine geheime sexuelle Phantasie sein, es können eher kleine Dinge sein, zum Beispiel welche Blumen Sie am liebsten haben, welches Parfüm Sie benutzen oder daß Sie wegen Ihres kommenden Geburtstages ein bißchen nervös sind, weil Sie letztes Jahr einen ganz furchtbaren hatten.

Da drei eine Glückszahl ist, sollten es immer drei Offenbarungen sein: daß Sie letzte Nacht nicht gut geschlafen haben, daß Sie sich Sorgen um den Gesundheitszustand Ihres Vaters machen, daß Sie ein Frühaufsteher sind. Alles, was Sie offenbaren, wird zur Grundlage des Entscheidungsprozesses, durch den der andere Sie bewußt oder unbewußt beurteilt. Gleichzeitig helfen Ihnen die Offenbarungen des anderen Menschen, sich zu entscheiden, ob Sie diese Beziehung weiterführen möchten oder ob Sie sich auf Ihrer Suche nach Liebe einem anderen Menschen zuwenden wollen.

Ganz gleich, worin diese kleinen Enthüllungen auch bestehen mögen, zeigen Sie durch sie immer, daß Sie ein verletzlicher Mensch sind. Enthüllung ist der Atem des Selbst; durch sie wird Ihr Wesen in die Welt hinausgeatmet, wo die, die sich in Ihrer Nähe befinden, allmählich verstehen lernen, wer Sie sind. Außerdem sind Enthüllungen dieser Art auch für Sie selbst eine Gelegenheit, Ihr eigenes Wesen in der Gegenwart eines anderen

Menschen auf eine Weise zu erfahren, die Sie bisher nicht kannten.

Wenn wir Offenbarungen dieser Art zurückhalten, stellen wir uns selbst als fertige, auf Hochglanz polierte Porzellanfigürchen dar, die weder Risse noch sonstige Fehler aufweisen und daher auch nicht geliebt zu werden brauchen (besonders nicht in den Bereichen, in denen wir tatsächlich Risse und Fehler aufweisen). Aber je mehr wir von uns selbst offenbaren, desto ehrlicher sind wir zu uns selbst und zu dem Menschen, den wir zu lieben erwägen.

Diese allmähliche Selbstenthüllung bildet die Grundlage jeder Beziehung. Was wir von einem Augenblick zum anderen in der täglichen Routine unseres Lebens von uns selbst zeigen – unsere Verletzungen und Freuden, unsere Hoffnungen und Sehnsüchte, selbst unsere Fehler und ordinärsten Gelüste –, ist der Nährboden der Liebe, das, was uns auf Dauer, in Zeiten des Zweifels und durch die vielen Veränderungen hindurch, die jede Beziehung durchmacht, zusammenhält.

Aber zeigen Sie wirklich Ihr innerstes Wesen. Denn es ist Ihr wahres Selbst, das geliebt werden möchte, das verletzt und unsicher ist, das Angst hat, nicht hübsch genug zu sein, oder sich nicht traut, eine Frau zum Essen einzuladen, weil ihr Ihr Job nicht gut genug sein könnte. Ganz gleich, auf welche Weise sich Ihr Minderwertigkeitsgefühl äußern mag, ist es doch immer ein Teil Ihrer Persönlichkeit und damit Ihrer Schönheit als Mensch. Versuchen Sie daher nie, Ihr wahres Selbst zu verstecken.

Es ist bei dieser Gelegenheit angebracht, sich daran zu erinnern, daß die Liebe kein Wettbewerb ist, bei dem es darauf ankommt, jemanden an der Nase herumzuführen, sondern eine Gelegenheit, endlich Ihr wahres Selbst zu zeigen und einem Menschen zu begegnen, der bereit ist, ihr unverhülltes Selbst mit Freuden zu lieben, es zu ehren und zu schätzen. Gehen Sie daher dieses Risiko von Anfang an ein; spielen Sie nicht all die albernen Spielchen, die Sie später nach und nach aufarbeiten müssen, wenn Sie schließlich doch Ihr wahres Selbst zeigen müssen – und wenn es Ihnen noch so unangenehm und peinlich ist. Nichts ist kostbarer, liebenswerter, spannender oder aufregender als die Begegnung mit einem authentischen Menschen. Seien Sie also durch alle Phasen des Kennenlernens hindurch immer Sie selbst.

Dabei fällt mir die Geschichte einer jungen Frau ein, die mir erzählte, sie habe jahrelang nach Liebe gesucht und endlich einen Mann getroffen, der sie interessierte. Sie lud ihn in der Hoffnung zum Essen sein, mit ihm einen wunderbaren Abend zu verbringen. Da sie wußte, daß er Nelken mochte, setzte sie sich im Restaurant hinter einen riesigen Strauß roter Nelken. Der, so hoffte sie, würde seine Aufmerksamkeit erregen. Von ihrem Platz aus konnte sie durch die Blumen hindurchsehen und erkennen, wer den Raum betrat. Schließlich kam der Mann. Er sah sich im Restaurant um, aber da er sie hinter der Mauer aus roten Nelken nicht sehen konnte, nahm er an, sie sei noch nicht gekommen und ging wieder auf die Straße, um dort auf sie zu warten. Nach einiger Zeit kam er wieder herein, sah sich noch einmal vergebens um und ging dann traurig wieder hinaus.

Statt sich in diesem Augenblick bemerkbar zu machen, beschloß die Frau, genervt zu sein und sagte zu sich selbst: «Ich weiß gar nicht, ob ich ihn wirklich mag. Es kommt ihm ja nicht einmal in den Sinn, daß ich hinter diesen Nelken sitzen könnte. Wahrscheinlich ist er einfach dumm.» Einige Minuten später stand sie auf, stürmte hinaus und verpaßte diese und alle folgenden Gelegenheiten, diesen Mann jemals kennenzulernen.

Bis heute wissen weder wir noch sie, wer er war. War er vielleicht ein farbenblinder Märchenprinz? Oder nur ein ganz normaler, lieber Kerl, der den schwierigen Test, den sie für ihn vorbereitet hatte, nicht durchschauen konnte? Weder sie noch wir werden es jemals erfahren. Leider schaffen Sie keine Atmosphäre der Liebe, wenn Sie gleich zu Anfang einen Test einbauen, sondern eher ein Klima der Herausforderung und Feindseligkeit.

Wenn Sie versuchen, ein Turteltäubchen zu fangen, indem Sie ihm Essig auf den Schwanz kippen, können Sie nicht erwarten, geliebt zu werden. Die Liebe mag das Süße, und wenn Sie möchten, daß sie zu Ihnen kommt, sollten Sie süß und lieb und offen und charmant sein. Und wenn Sie eine so einfallsreiche Idee haben, wie sich hinter einem Strauß roter Nelken zu verstecken, Ihr schlauer Plan aber fehlschlägt, sollten Sie sich von Ihrem hohen Roß herabbemühen und die Blumen dem Menschen schenken, für den sie ja eigentlich gedacht waren.

Denken Sie daran: Wenn Sie wirklich den Menschen Ihrer Träume finden wollen, müssen Sie auf all die alten verlogenen Manipulationsmethoden verzichten. Wenn Sie solche Methoden dennoch anwenden, bekommen Sie jemanden, der auf Ihre Taktik hereingefallen ist, aber keinen Menschen, der Sie kennt und für das liebt, was Sie sind.

Lernen Sie
zuzuhören und nachzufragen
Wenn Sie Ihre Chancen auf Liebe wirklich erhöhen wollen, ist es auch nützlich, sich noch zwei andere Verhaltensweisen anzugewöhnen: Zuhö-

ren und Nachfragen. Auch diese werden dazu beitragen, daß die Liebe zu Ihnen kommt.

Jedes Zuhören birgt gewisse Risiken in sich,
denn wenn Sie wahrhaft zuhören, werden Sie
nicht nur die Dinge erfahren, die Ihnen gefallen
und Sie entzücken, sondern auch die, die Sie an
einem anderen Menschen nicht mögen. Zuhören
ist ein Akt der Liebe, durch den Sie ausdrücken:
«Ich bin hier, um alles zu empfangen, was du zu
geben hast – eine Tatsache, eine Enthüllung, eine
Einstellung oder einen Traum –, selbst wenn es
mir nicht gefallen sollte. Ich werde hier stehen
und dir gegenüber offen sein. Ich bin bereit, mich
verzaubern, ängstigen, entzücken oder verwandeln zu lassen. Ich bin willens, daß du dich mir
zeigst, ganz gleich als wer du dich dadurch offenbaren wirst.»

Nachfragen ist Zuhören hoch Neun, denn nun
wird passives Zuhören zu einer aktiven Handlung,
weil wir, wenn wir einen anderen Menschen befragen, nicht nur unsere Neugier befriedigen,
sondern auch ein großes Risiko eingehen: das
Risiko nämlich, enttäuscht zu werden. Wir sagen
ja gewissermaßen: «Ich werde dich zu Dingen
befragen, die mir möglicherweise alles verderben
werden.» Zum Beispiel: «Warum haben sich dein
Exmann und du eigentlich getrennt?» «Auf welche Weise willst du deine beiden kleinen Kinder
erziehen, in deren Leben ich nun treten werde?»

«Wie gehst du damit um, daß ich 10 000 Mark Schulden habe?»

Wenn wir nachfragen, nehmen wir gleichsam unsere Scheuklappen ab und sagen: «Ich bin bereit, dich kennenzulernen, und zwar nicht nur als Phantasiegebilde, sondern als das, was du wirklich bist. Ich bin stark genug, dich zu entdecken und dein wahres Ich kennenzulernen.»

Wahre Liebe beruht auf wahrem Erkennen. Wenn wir mutig genug sind nachzufragen, zeigen wir dadurch, daß wir willens sind, den ganzen Menschen kennenzulernen – mit allen seinen Vor- und Nachteilen. Wir zeigen auch, daß wir bereit sind, den Dingen, die in einer Beziehung möglicherweise problematisch sein werden, ins Auge zu schauen, statt ihnen aus dem Wege zu gehen. Da wir durch das Nachfragen unsere emotionale Verfügbarkeit zeigen, ist es ein Akt höchster Liebe.

Wenn Sie sich in der großartigen, sublimen und herrlichen Kunst des Liebens üben – indem Sie Ihre Verletzlichkeit zugeben, zeigen, wer Sie wirklich sind, Ihre Vorurteile über Bord werfen und den Mut aufbringen, wirklich zuzuhören und nachzufragen – werden Sie auf wunderbare Weise darauf vorbereitet werden, einem anderen Menschen zu begegnen, der sich ebenso sehr nach Liebe sehnt wie Sie selbst, und schon bald wird die große Liebe Ihres Lebens an Ihre Tür klopfen.

Es ist wirklich ganz einfach: Um geliebt zu werden, müssen Sie lieben!

SCHLÜSSEL III

Vertrauen

Alles fügt sich und erfüllt sich,
mußt es nur erwarten können
und dem Warten deines Glückes
Jahr und Felder reichlich gönnen.

Bis du eines Tages jenen
reifen Duft der Körner spürst
und dich aufmachst und die Ernte
in die tiefen Speicher führst.

Christian Morgenstern

*W*enn ich zum Einkaufen in die Stadt fahre, wende ich einen kleinen Trick an. Und zwar bitte ich um einen Parkplatz. Schon während ich mich der Straße nähere, in der ich meine Besorgungen machen möchte, bitte ich die guten Geister des Parkens und des Innenstadtverkehrs, einen Parkplatz für mich bereitzuhalten, damit ich meine Erledigungen so schnell und bequem wie möglich machen kann. Es klappt immer! Jedesmal wenn ich um einen Parkplatz bitte, finde ich wie durch ein Wunder tatsächlich einen. Neulich, als ich um einen «großartigen» Parkplatz bat, sah ich direkt vor dem Naturkostladen eine riesige Lücke, in die jede Luxuslimousine dreimal gepaßt hätte.

Vertrauen bedeutet, sich auf diese Magie zu verlassen, und das Erleben eines glücklichen Ausgangs ist die Manifestation dieses Vertrauens. Vertrauen heißt, davon überzeugt zu sein, daß das, woran Sie glauben, tatsächlich geschehen wird, und zwar auf eine Weise, die wunderbarer und erstaunlicher ist, als Sie es sich jemals hätten vorstellen können. Es bedeutet, daß Sie sich darauf verlassen können, daß das, an das Sie von ganzem Herzen geglaubt haben, nun auch in der äußeren Realität wahr wird.

Ich frage mich oft, ob mein kleiner Parktrick tatsächlich funktioniert oder ob es sich dabei nur um «Zufälle» handelt. Aber wenn ich genau hin-

schaue, merke ich, daß, wenn ich um einen Parkplatz bitte, dieser tatsächlich immer da ist, daß
aber, wenn ich auch nur den leisesten Zweifel
hege, alle Plätze besetzt sind. Die Magie funktioniert nämlich nur, wenn wir wirklich und
wahrhaftig auf sie vertrauen.

Vertrauen ist die lebende Verkörperung des
Glaubens. Durch unser Vertrauen sorgen wir dafür, daß sich das, womit wir uns im Glauben ab-
strakt beschäftigt haben, tatsächlich ereignen
wird. Vertrauen spendet uns den Trost der unbe-
dingten Überzeugung, daß alles genau so geschehen wird, wie wir es brauchen und wie es für uns
am besten ist.

Vertrauen ist barmherzig, mütterlich und gütig; es ist eine spirituelle Wiege, in die wir getrost
unsere Hoffnungen legen können. Vertrauen sorgt
für uns, denn wenn wir vertrauen, legen wir unser
Schicksal in die Hand dessen, was tatsächlich geschehen kann. Vertrauen ist Hoffnung. Vertrauen
ist die Erwartung der Freude. Vertrauen ist der
Stern, der die Liebe zu Ihnen führen wird.

6
Schätzen Sie die Liebe
realistisch ein

Wenn Sie auf die Liebe vertrauen – darauf, daß sie kommen wird und daß sie richtig und gut für Sie ist –, schaffen Sie sich ein kuscheliges Nest, in dem Ihr Glaube ruhen kann, damit Sie Ihre Hoffnungen nüchtern betrachten können. Wenn Sie realistisch sind und Situationen, Menschen und Dingen unvoreingenommen ins Auge schauen, lieben Sie sich selbst. Statt sich mit wirklichkeitsfremden Erwartungen an der Nase herumzuführen, kümmern Sie sich um sich selbst, weil Sie um etwas bitten, das tatsächlich Wirklichkeit werden kann.

Realismus ist eine einzigartige Form des Vertrauens, denn er erfordert von Ihnen, Verantwortung zu übernehmen. Er verlangt, daß Sie sowohl Ihre linke Gehirnhälfte – Intellekt, Bewußtheit und analytisches Denken – als auch Ihre rechte – Intuition, Gefühl und Impulsivität – einsetzen, um sich davor zu schützen, dumm und verantwortungslos Beziehungen einzugehen, die dem Sprung vom Zehnmeterbrett in ein leeres Becken ähneln.

Um die Liebe realistisch einschätzen zu können, müssen Sie zuerst verstehen, was eine Liebesbeziehung überhaupt ist. Viele Menschen, die sich nach Liebe sehnen, haben nämlich dermaßen unrealistische Vorstellungen, daß die Beziehungen, so wie sie sich diese erträumen, niemals wahr werden können. Deshalb sind sie natürlich ständig furchtbar enttäuscht. Sie vertrauen der Liebe nicht, weil sie Hirngespinsten nachlaufen, aber sie vertrauen auch nicht den realen wunderbaren Kandidaten, die ihnen einen Geschmack der Liebe bescheren könnten.

Wahre Liebe ist sowohl großartig und extravagant als auch schlicht und einfach. Auf der einen Seite erfüllt sie alle unsere romantischen Vorstellungen, auf der anderen Seite besteht sie einfach in der schlichten Freude, die eigene Lebensreise mit einem anderen Menschen zu teilen. In engen Beziehungen gleicht Liebe sowohl einer Königin als auch einem Bauernmädchen, sie ist gleichzeitig erhaben und gewöhnlich. Zu ihr gehören die endlosen Weiten neuer Entdeckungen ebenso wie die ganz normalen Wege des Alltags.

In einer Beziehung werden Gefühle auf einer sehr hohen Ebene ausgetauscht, da wir in ihr emotional offen sind und die gefühlsbestimmte Realität eines anderen Menschen wahrnehmen können. Durch diesen Austausch können sich beide Partner entwickeln. In einer Beziehung können Sie Ihre Erfolge und Ihre Sorgen miteinander teilen, um Trost und Unterstützung bitten und über die kleinen Irritationen und die großen

Katastrophen reden, mit denen Sie Tag für Tag konfrontiert werden. Durch diese emotionale Verbindung fühlen Sie sich einem anderen Menschen zugehörig, und durch sie können Sie wahrhaft Sie selbst werden.

Das größte Geschenk, das Ihnen eine enge Beziehung machen kann, besteht darin, daß Sie Ihnen Ihr wahres Selbst schenkt. Sie gibt Ihnen die Gelegenheit, sich selbst in den Gefühlen eines anderen Menschen zu entdecken, die die Ihren widerspiegeln, und sich selbst im Bewußtsein und Verständnis des anderen Menschen oder dem frustrierenden Fehlen desselben zu erkennen. In diesem intimen Kontakt von Mensch zu Mensch finden Sie heraus, was Sie wirklich fühlen, was Ihnen eigentlich wichtig ist, was Ihnen Freude bereitet, womit Sie schon immer Probleme hatten und was Ihnen zur Zeit Sorgen macht.

Nicht alle Dinge, die Sie entdecken werden, sind angenehm, aber sie alle bieten Ihnen Möglichkeiten des Wachstums. Wachstum und Wandel sind die Früchte der Liebe, und der Prozeß des ewig fortschreitenden Kennenlernens des eigenen Selbst ist das größte Geschenk einer jeden engen Beziehung. Mein Fitneßtrainer Kerry sagte mir auf die Frage, warum er so glücklich darüber ist, verheiratet zu sein: «Weil es wie ein emotionales Konditionstraining ist. Ich höre nie auf zu wachsen.»

Eine Beziehung schenkt Ihnen aber nicht nur Ihr wahres Ich, sondern bietet Ihnen auch die ausgezeichnete Gelegenheit, einen anderen Menschen wirklich verstehen zu können und ihn von Grund auf kennenzulernen. So wie Sie eine atemberaubende Landschaft oder die Ruine einer alten Kultstätte bewundern können, so können Sie auch das Mysterium und die Schönheit eines anderen Menschen entdecken, wenn Sie alle Ihre Vorurteile beiseite schieben und einmal nicht daran denken, welche Ihrer Bedürfnisse er gerade befriedigen kann.

Durch die Gefühle, die Ihr Partner immer wieder in Ihnen hervorruft, und durch Ihre Erfahrung der Einzigartigkeit eines anderen Menschen, die sich Ihnen Tag für Tag enthüllt, lehrt Sie die Liebe, was es heißt, ein Mensch zu sein.

In Liebesdingen realistisch zu sein, heißt nicht, sich mit Krümeln zufriedenzugeben oder unerträgliche Kompromisse einzugehen, obwohl jede Beziehung tatsächlich ein gewisses Maß an Kompromißbereitschaft erfordert. Statt dessen bedeutet Realismus zu erkennen, daß die Liebe zwar großzügig und barmherzig ist und Ihnen viele Geschenke machen wird, daß sie Ihnen aber nicht jede ausgefallene Laune erfüllen wird. Eine Beziehung wird Ihnen zwar gut tun, aber sie wird Sie nicht aus Ihrem normalen Leben herausreißen und ins Märchenland transportieren. Die Liebe schenkt uns nämlich immer genau das, was wir brauchen – nicht mehr, aber auch nicht weniger.

Die wahre Liebe kann nur dann gedeihen, wenn sie mit Realismus gepaart ist, denn sie wird nicht alle Ihre Probleme lösen können, und eine Beziehung kann keine nahtlose, knitterfreie Verbindung sein, die von dem Tag, an dem Sie sich ineinander verlieben, bis zu dem Tag dauert, an dem der Tod sie voneinander trennt. Es gibt keine Märchenprinzen und auch keine perfekten Superfrauen. Sie werden nicht alles bekommen, was Sie sich wünschen, und Sie werden auch nicht wie im Film Hand in Hand in den Sonnenuntergang hineinwandern, während der Abspann läuft.

Die Liebe realistisch einzuschätzen heißt auch zu verstehen, daß die Liebe immer Ihr Bestes von Ihnen fordern wird. Wenn Sie darauf vertrauen, wird Ihnen die Gewißheit geschenkt werden, daß die Liebe in der Lage ist, Ihr Leben zu verwandeln und zu bereichern, und das auch auf eine Weise, die Sie weder erhofft noch erwartet haben.

Dieses Vertrauen ist ein Vertrauen der höchsten Ordnung, denn auf der Ebene unseres Egos, auf der wir von Eltern, Freunden und Fremden in kleinen wie in großen Dingen betrogen wurden, möchten wir am liebsten nur den Dingen vertrauen, die eigentlich gar kein Vertrauen erfordern, also den Dingen, die todsicher, kinderleicht und hundertprozentig garantiert sind. Aber für diese Dinge ist gar kein Vertrauen nötig, da sie kein Risiko beinhalten, und ohne Wagnis ist Vertrauen irrelevant.

Aber die Liebe bringt viele Unsicherheiten, viele unerwartete Möglichkeiten und völlig verrückte Situationen mit sich. Die Liebe wandelt sich andauernd und erschafft sich in jedem Augenblick durch Hunderte von Handlungen und zwischenmenschlichen Interaktionen neu.

Wenn Sie bereit sind, das Risiko einzugehen, kann Ihnen die Liebe unglaubliche Geschenke bringen: wunderbare Gefühle, einen Menschen, mit dem Sie morgens aufwachen werden; jemanden, an den Sie sich nachts kuscheln können; jemanden, dessen Kummer auch Sie traurig macht und dessen Träume Sie voller Freude mit ihm teilen können.

Was Liebe kann, und was sie nicht kann

Liebe kann dafür sorgen, daß es Ihnen eine Zeitlang gut geht, und wenn Sie sie richtig pflegen, auch ein Leben lang. Sie wird Ihnen Freitagabends ein Rendezvous verschaffen; jemanden, mit dem Sie Scrabble spielen können; einen Menschen, dem Sie erzählen können, wie Ihr Tag gelaufen ist; jemand, mit dem Sie über der Einkommensteuererklärung brüten können; einen

Menschen, der das Gefühl vertreibt, Sie wären ganz allein auf der Welt. Die Liebe kann Ihnen den Sinn des Lebens klarmachen und Fragen über Ihre höchste Bestimmung aufwerfen. Aber sie wird nicht alle Ihre Probleme lösen können. Sie kann nicht alle Verletzungen, die Sie als Kind erlitten haben, ungeschehen machen; sie kann nicht den perfekten Vater oder die vollkommene Mutter spielen, die Sie niemals hatten; sie kann nicht alle Ihre Ängste im Hinblick auf Ihren weiteren Lebensweg zum Verschwinden bringen.

Aber leider sind dies genau die Dinge, die wir uns häufig von der Liebe erhoffen. Wir erwarten, daß sie jede Kränkung, die wir jemals erlitten haben, wiedergutmacht, und daß sie uns von all unseren Ängsten befreien wird. Wir erwarten, daß der Mensch, den wir lieben, sich den Millionen möglicher Schwierigkeiten, die das Leben mit sich bringt, entgegenwirft und alles für uns in Ordnung bringt. Und wenn das nicht klappt, geben wir ihm die Schuld. Da ist es doch kein Wunder, daß so viele Beziehungen in die Brüche gehen.

Liebe kann kein – wie ich es nenne – «existentieller Schutzschild» sein, ein allumfassender Schutz gegen alles, was der Himmel möglicherweise auf uns herabfallen lassen könnte. Liebe kann nicht die Antwort auf alle unsere Gebete sein und sollte ganz sicherlich nicht dazu führen, daß wir anfangen, uns auf die faule Haut zu legen, weil wir meinen, daß mit Hilfe der Liebe alles zum Kinderspiel werden wird und daß wir keinen Finger mehr zu rühren brauchen, um unser eigenes Leben zu schaffen.

Viele der Menschen, die alleine sind, stellen unrealistische Erwartungen an die Liebe und glauben, daß alle ihre Probleme verschwinden werden, sobald sie eine Beziehung eingegangen sind. Wenn Menschen diese Ansicht vertreten, begehen sie einen schwerwiegenden spirituellen und emotionalen Fehler, weil sie die Verantwortung für ihr Leben und ihr Glück abgeben.

Liebe kann uns niemals von unserer persönlichen Verantwortung entbinden, und wenn wir das glauben, verlangen wir etwas Unmögliches. Wenn wir derartige Forderungen stellen, taucht die Liebe mit Sicherheit nicht auf. Es ist beinahe so, als ob der Mensch, der auf Sie zukommt, spüren würde, daß sie unangemessene Forderungen an ihn stellen werden, und auf ganz subtile Weise von Ihnen weggedrängt wird. Warum sollte jemand zu Ihnen kommen und für Sie Ihre Drecksarbeit erledigen? Die Liebe ist eine ganz wunderbare Sache, eine gewaltige Macht, und die Götter der Liebe werden sie ganz sicher nicht an jemanden verschwenden, der nicht bereit ist, sich sein eigenes Leben zu schaffen.

Wenn wir uns von der Liebe erhoffen, Un-

mögliches zu tun, oder glauben, sie wäre ein mü-
heloses Unterfangen, erwarten wir zuviel. Die
Liebe realistisch einzuschätzen bedeutet, darauf zu
vertrauen, daß sie uns genau das geben wird, was
wir wirklich brauchen, das, was für unser Wachstum von Wert ist und uns wahrhaft bereichert –
und nicht all die Dinge, die wir zu brauchen
meinen.

Wenn ich darüber nachdenke, was die Liebe
kann und was sie nicht kann, fällt mir Jean ein,
eine junge Frau, die wie verrückt nach einem
Partner suchte und mit vielen Männern ausgegangen war, die sie alle enttäuscht hatten. Sie war
nahe daran zu verzweifeln, als sie eines Tages bei
einem Arbeitsessen eine Frau sah, die einen riesigen Diamantring trug. Sie sah die Frau mit ver-
klärtem Blick an, als ob diese die Königin der Welt
wäre, weil sie etwas erreicht hatte, was für Jean
unerreichbar schien: Sie hatte anscheinend einen
reichen Mann gefunden, der sie geheiratet hatte.
Nachdem sie eine Weile angestarrt worden war,
fragte die Frau: «Warum starren Sie mich so an?
Habe ich Ihnen etwas getan oder mich irgendwie
danebenbenommen?» Da brach Jean in Tränen aus
und platzte heraus: «Sie tragen einen so wunderschönen, mit Diamanten besetzten Ehering. Sie
müssen furchtbar glücklich sein. Ich möchte
schon seit zehn Jahren heiraten, aber ich kann
niemanden finden, der mich liebt.»

Die Frau sah sie nur an und erwiderte: «Sie verstehen das falsch. Ich besitze diesen Ring, weil ich nicht glücklich bin. Mein Mann gab ihn mir und fragte mich, ob ich ihn heiraten wollte. Das waren so ziemlich die letzten Worte, die er an mich richtete. Er unterhält sich nicht einmal mehr mit mir. Er würde mir noch fünf solcher Ringe kaufen, wenn ich es wollte, nur damit ich ihn nicht störe. Ich überlege, ob ich mich scheiden lassen soll. Ich wollte Nähe, ließ mich aber von Diamanten ablenken.»

Was soll Ihnen eine Beziehung eigentlich geben?

Es ist leicht, sich – wie es diese junge Frau tat – vorzustellen, daß uns eine Heirat glücklich machen und alle unsere Probleme lösen wird. Aber Gedanken wie «Wenn ich nur einen Mann hätte…», «Wenn ich nur eine Freundin finden würde…», «Wenn ich mich nur verlieben könnte, dann wäre alles toll!» gehören – wie ich es nenne – zur Kategorie «Beziehungswunschdenken».

Dieses Beziehungswunschdenken ist das Gegenteil von Beziehungsrealismus. Die Liebe Ihres Lebens zu finden, ist ein schönes, aber ernstes Unterfangen, aber sich in Hirngespinsten zu ergehen, ist eine Art emotionaler Schlamperei. Weil Phantasien vage und unbestimmt sind, führen sie auch zu keinen Ergebnissen. In der Liebe und in

147

allen Dingen, um die wir bitten (zum Beispiel um einen Parkplatz), funktioniert nur Bestimmtheit, denn das Universum kann nur reagieren, wenn Sie Ihre Nachricht klar und deutlich formulieren. Wenn Sie eine neue Wohnung brauchen, sollten Sie ausdrücklich hinzufügen, in welchem Stadtteil sich diese Wohnung befinden soll, oder daß sie besonders hell sein muß, weil Sie Licht zum Malen brauchen, oder daß sie nur so und so viel kosten darf, weil Sie sich eine höhere Miete nicht leisten können.

Wenn Sie nicht genau wissen, was Sie wollen, werden Sie es auch nicht bekommen. In der Liebe führt unklares Denken häufig dazu, eine unbefriedigende Beziehung endlos fortzuführen, oder so lange alleine vor sich hin zu leiden, daß Sie die Beziehung verpassen, die perfekt für Sie gewesen wäre.

Beziehungen sind keine Allheilmittel und können meistens nicht alle Ihre Träume erfüllen, aber eine gute Beziehung hat bestimmte Merkmale, an denen Sie erkennen können, ob sie für Sie passend oder tatsächlich die Erfüllung all Ihrer Wünsche ist. Wir wollen daher jetzt genauer werden.

Lassen Sie uns zunächst die Aktivitäten anschauen, die Sie mit dem Menschen Ihrer Träume teilen möchten. Dies ist deshalb so wichtig, weil eine Beziehung aus all den Dingen besteht, die Sie mit Ihrem Partner tun oder nicht tun, auch wenn

Sie daran jetzt nicht denken, da Sie verzweifelt, einsam und unglücklich sind. In ihrer Verzweiflung, jemanden zu finden, den sie lieben können, übersehen viele Menschen die Vielfalt gleicher Interessen, aus denen Beziehungen bestehen, und gehen Verbindungen mit Menschen ein, die überhaupt nicht zu ihnen passen.

Wir alle haben natürlich eine Vielzahl von Aktivitäten, die uns etwas bedeuten. Manche davon möchten wir allein machen, andere dagegen möchten wir mit einem anderen Menschen teilen. Eine der Hauptaufgaben der realistischen Liebe besteht darin, sich darüber klarzuwerden, was wir mit wem tun wollen, denn wenn wir uns verlieben, gehen wir häufig von der irrigen Annahme aus, daß wir jeden Augenblick und jedes Erlebnis mit unserem Partner teilen möchten oder sollten und daß wir nur an einer einzigen Sache interessiert sind: mit dem anderen zusammenzusein.

Wenn Sie am Anfang einer Beziehung diesen Irrtum begehen, haben Sie ihn oft später auszubaden, wenn Sie – nun innerhalb des Rahmens Ihrer Beziehung – wieder herausfinden müssen, welche Menschen, Dinge und Erfahrungen Sie als Individuum weiterbringen. In Wahrheit sind wir alle nicht mit dem Standpunkt «Was er will, das will ich auch» zufrieden, deshalb müssen wir herausfinden, was wir für uns selbst brauchen.

Wenn Sie herausfinden, worin Ihre Vorlieben bestehen, können Sie sich so zeigen, wie Sie sind, und den Menschen, der sich Ihnen offenbart, so beurteilen, wie er wirklich ist.

Übereinstimmung in den Bereichen gemeinsamer Aktivitäten und ähnlich geartete Bedürfnisse nach Alleinsein und Zusammensein sind wichtige Bestandteile jeder Beziehung. Sie können viele Fehler und Enttäuschungen, viele Mißverständnisse und unnötige Vorwürfe vermeiden, wenn Sie Ihrem Partner von Anfang an deutlich mitteilen, worin Ihre Vorlieben bestehen.

Sie sollten sich daher bewußt werden, welche Dinge Sie gerne tun – sowohl gemeinsam mit einem Partner als auch für sich allein. Erstellen Sie eine Liste mit *allen* Dingen, die Sie gerne tun. Zum Beispiel: Strandspaziergänge, Sex, Kino, gutes Essen, Bungeespringen, Ballonfliegen, Floßfahren, Yoga, lesen, viel lesen, Bier brauen, meditieren oder ins Fitneßstudio gehen.

Dann schreiben Sie neben die Dinge, die Sie gerne mit Ihrem Liebsten teilen möchten, eine «2». Schreiben Sie eine «1» neben die Dinge, bei denen Sie lieber allein sind. Legen Sie dann die Liste eine Woche lang weg. Wenn Sie sie später unvoreingenommen anschauen, wird sie Ihnen viel darüber sagen, was Sie in einer Beziehung suchen. Sie wird Ihnen zeigen, welche Aktivitäten

Sie gerne teilen und dadurch auch, welche Art von Beziehung Sie anstreben. Sie wird Ihnen außerdem die privaten Bereiche verraten, die Sie sich bewahren möchten.

Natürlich werden sich einige dieser Dinge im Laufe der Zeit oder mit bestimmten Partnern ändern. Vielleicht sind Sie in der Vergangenheit gerne tanzen gegangen, haben aber mit Ihrem jetzigen Partner keinen Spaß daran, weil Sie mit ihm lieber ins Kunstmuseum gehen oder generell keine Lust mehr zum Tanzen haben.

Wenn Sie eine Beziehung eingehen, sollten Sie diese Liste nicht vergessen, denn sie spiegelt wider, wer Sie sind, und Sie sollten sich selbst nicht für einen anderen Menschen aufgeben, ganz gleich, wie verliebt Sie auch sein mögen. Wenn auf Ihrer Liste steht, daß Sie gerne allein wandern, weil es für Sie Meditation ist, eine Zeit, in der Sie sich entspannen und mit der Natur verbinden können, und die Frau, mit der Sie ausgehen, Ihnen nicht nur sagt, daß sie mit Ihnen wandern möchte, sondern daß es sogar ihr sehnlichster Wunsch ist, mit dem Menschen, dem sie sich zugehörig fühlt, wandern zu gehen, dann haben Sie ein Problem. Es ist möglicherweise lösbar, muß aber auf jeden Fall angesprochen werden.

Wenn Sie immer frieren und sogar in den Tropen nur mit Strümpfen ins Bett gehen, und der Mann, der um Sie wirbt, sein ganzes Leben mit der Frau seiner Träume beim Skifahren zubringen möchte, dann haben Sie ebenfalls ein Problem. Wenn auf Ihrer Liste steht, daß Sie gerne auf Parties gehen und sich mit einer aufregenden Frau an Ihrer Seite zeigen möchten, und die Frau, mit der Sie ausgehen, ein Bücherwurm ist und nicht einmal ein Abendkleid besitzt, dann haben Sie ein Problem von der Größe des Grand Canyon.

Wenn Sie andererseits mit Ihrem Partner im Garten arbeiten möchten und auch er das gerne tut; wenn Sie Freude daran haben, Blumen zu züchten, und Ihre Partnerin diese zu herrlichen Gebinden steckt; wenn Sie beide gerne segeln oder in Paris einkaufen gehen, dann befinden Sie sich in vollkommener Harmonie.

Ihre Liste kann Ihnen auch offenbaren, was für ein Mensch Sie in Beziehungen überhaupt sind. Sind Sie jemand, der sich in einer Beziehung verlieren möchte, oder brauchen Sie auch eine Privatsphäre? Wenn auf Ihrer Liste zehn Dinge stehen, die Sie alle teilen möchten, sollten Sie vielleicht noch ein paar hinzufügen, bei denen Sie gerne allein sein würden. Es ist nämlich nicht gesund, ganz in einem anderen Menschen aufzugehen, ganz gleich, wie sehr Sie in ihn verliebt sein mögen.

Jede Liste sollte ein paar private Bereiche umfassen, denn jeder von uns braucht Zeit, um sich zu erholen. Wenn Sie aber andererseits zehn Dinge auf Ihrer Liste haben und nur ein oder zwei dabei sind, die Sie mit einem anderen Menschen teilen möchten, dann sind Sie wahrscheinlich ein Einzelgänger, der sich gar nicht auf eine ständige Beziehung einlassen möchte.

Es ist natürlich auch wichtig, sich klarzumachen, daß sich eine Beziehung im Laufe der Zeit in neue Richtungen entwickeln kann, wodurch sich die Bereiche des Zusammenseins und Alleinseins verschieben können. Die Geburt eines Kindes kann ein solcher Auslöser sein, aber auch veränderte finanzielle Umstände, die es Ihnen ermöglichen zu verreisen, oder der Kauf eines Hauses, der individuelle oder gemeinsame Vorlieben enthüllt, daran herumzubasteln. Manche der Dinge, die Sie in der Vergangenheit allein getan haben, wie zum Beispiel ins Fitneßstudio zu gehen oder zu kochen, können zu etwas werden, das Sie gerne mit Ihrem Partner teilen möchten und wodurch Sie beide miteinander wachsen können.

Ganz gleich worin Ihre Vorlieben hinsichtlich Ihrer Aktivitäten in Beziehungen bestehen mögen, ist es immer wichtig, sie so früh wie möglich zu erkennen, sich an sie zu erinnern, wenn Sie sich für einen Partner entscheiden, und dabei im Auge behalten, daß sie sich wahrscheinlich im Laufe der Zeit und durch die Partnerschaft verändern werden.

Die Grundvoraussetzung der Liebe

In Liebesdingen realistisch zu sein heißt auch, daß Sie sich nicht nur über Ihre Vorlieben klarwerden müssen, sondern auch wissen sollten, was das «eine» ist, das der Mensch, nach dem Sie suchen, unbedingt haben muß. Dieses «eine» nenne ich die *Conditio sine qua non* (C.S.Q.N.) einer Beziehung.

Conditio sine qua non ist ein lateinischer Begriff, der soviel bedeutet wie «Bedingung, ohne die es nicht geht». Auf Beziehungen angewandt, bezeichne ich damit das eine, ohne das die Beziehung nicht funktionieren kann. Jeder von uns hat eine absolut unerläßliche Bedingung, etwas, auf das wir nicht verzichten können, wenn wir uns dafür entscheiden, einen anderen Menschen zu lieben. Das mag positiv formuliert sein, also etwas, das er unbedingt besitzen muß, zum Beispiel, daß er sich seiner Gefühle bewußt wird, daß er bereit ist zu kommunizieren oder daß er wie wir auch an Gott glaubt. Es kann aber auch eine negative Vorbedingung sein, also etwas, das er auf keinen Fall tun, sein oder haben darf, zum Beispiel, daß er keine Kinder will, Drogen nimmt oder sich nicht auf eine konventionelle Beziehung einlassen will.

Ganz gleich, worin Ihre C.S.Q.N. bestehen mag, werden Sie sich nicht verlieben können, wenn sie nicht erfüllt wird, und deshalb erwarten

Sie, daß sie Ihrem Partner gleichermaßen wichtig ist. An diesem Punkt entscheidet sich, ob Beziehungen erblühen oder eingehen, denn die C.S.Q.N. repräsentiert die wichtigsten Werte für beide Partner, und diese müssen geteilt werden, wenn die Beziehung Bestand haben soll.

Die C.S.Q.N. ist die Grundlage einer jeden Beziehung, mit deren Hilfe die verschiedenen Unvollkommenheiten mit der Zeit immer unwichtiger werden; sie ist das Fundament, auf dem das Gebäude Ihrer Liebe im Laufe der Jahre nach und nach errichtet wird. Wenn Sie aber von zwei Menschen nicht geteilt wird, wie im Fall der Dame mit dem Diamantring, die ihre eigene C.S.Q.N. – emotionale Intimität – ignorierte, dann wird sie der Grund für das Scheitern einer Beziehung.

Die C.S.Q.N. ist deshalb so wichtig, weil es unmöglich ist, in einer Beziehung alles, was Sie sich erhoffen, von einem anderen Menschen zu bekommen – und auch er wird nicht alles von Ihnen bekommen können. Deshalb ist es von so entscheidender Bedeutung, daß für Sie beide Ihre C.S.Q.N. erfüllt wird, denn sonst werden Sie immer das Gefühl haben, zu kurz zu kommen, wenn zwar einige Ihrer Vorlieben befriedigt werden, aber eben nicht das «eine», das Ihr innigster Wunsch ist.

Oftmals ist die C.S.Q.N. am Werk, wenn Sie

ein Paar sehen und sich fragen, was die beiden ineinander sehen. Ich kannte beispielsweise eine sehr intellektuelle Verlagsleiterin, die mit einem Rocker verheiratet war. Rein äußerlich betrachtet, paßten die beiden überhaupt nicht zueinander, aber auf der Ebene ihrer C.S.Q.N. waren sie perfekt füreinander, denn beide liebten Motorräder, hatten ein schweres Leben hinter sich und suchten nach einem Partner, mit dem sie «die Sau rauslassen» konnten. Für ein anderes «eigenartiges» Paar, eine Ärztin und einen Handwerker, bestand die C.S.Q.N. darin, ihre Beziehung als bewußten emotionalen Prozeß zu leben. Unterschätzen Sie niemals die Macht der C.S.Q.N., Beziehungen zu kreieren; sie ist für die merkwürdigsten – und die glücklichsten – Partnerschaften verantwortlich.

Im Laufe Ihres Lebens wird sich Ihre C.S.Q.N. möglicherweise verändern. Solange Sie jung sind, mag es für Sie unabdingbar sein, daß Ihr Partner Kinder möchte; wenn Sie um die Vierzig sind, suchen Sie vielleicht eher nach jemandem, der Ihre spirituellen Werte teilt. Aber ganz gleich, wie alt Sie sein mögen oder an welchem Punkt Ihrer Entwicklung Sie sich zur Zeit befinden, müssen Sie auf der Suche nach Liebe auf jeden Fall wissen, worin ihre C.S.Q.N. gerade besteht.

Der Realismus zeigt sich in diesem Fall darin, die Tatsache anzuerkennen, daß das eine, auf das

Sie auf keinen Fall verzichten können, kein Luftschloß, sondern eine absolute Notwendigkeit ist. Das bedeutet eben auch, daß Sie sich beispielsweise bewußt sein müssen, daß, selbst wenn er der größte, gutaussehendste, phantastischste, humorvollste Prachtkerl ist, aber außerdem noch ein ehrgeiziger Manager, der 14 Stunden am Tag arbeitet, und Ihre C.S.Q.N. darin besteht, mit dem Menschen, den Sie lieben, viele gemütliche Abende zu Hause zu verbringen, all sein gutes Aussehen und seine besten Witze aus ihm keinen passenden Partner für Sie machen werden.

Außer der C.S.Q.N. haben wir alle noch eine ganze Reihe von Dingen, die wir uns von unserem Partner wünschen, zum Beispiel, daß er gesund ist, nachts ruhig schläft, ein Gefühl für Ästhetik besitzt oder gerne ins Kino geht. Vielleicht möchten Sie auch einen Mann, der größer ist als Sie, der sich vegetarisch ernährt, gerne reist und mit dem Sie anregende Gespräche führen können. Vielleicht möchten Sie ja eine Frau mit rotem Haar, die gerne Ski läuft, belesen ist und über Ihre Witze lacht.

In Kontaktanzeigen geht es meistens um diese Wünsche, um die Bereiche, in denen Sie, wenn Sie wirklich eine Beziehung möchten, kompromiß- und verhandlungsbereit sein sollten. Zum Beispiel: «Ich wünsche mir zwar eine Rothaarige, aber obwohl sie brünett ist, ist sie toll.» Oder:

157

«Es wäre mir zwar lieber, wenn er größer wäre als ich, aber er ist es nun einmal nicht, und so ist es auch in Ordnung.» Beziehungen und Menschen haben nie genau die Eigenschaften, die wir uns wünschen, und mit Ausnahme Ihrer C.S.Q.N. sollte über alles nachgedacht werden können.

Machen Sie es sich selbst aber leichter, indem Sie sich von Anfang an klar darüber werden, was Sie bevorzugen. Dann werden Sie auch verstehen, was für einen Partner Sie möchten und ihre Chancen verbessern, jemanden zu finden, der zu Ihnen paßt. Sonst könnte es durchaus sein, daß Sie eine Giraffe heiraten, obwohl sie nach einem Zebra Ausschau gehalten haben.

Ich stelle Ihnen im folgenden ein paar Fragen, um Ihnen zu helfen, dieses Thema für sich zu klären. Nehmen Sie sich ein paar Minuten Zeit, um darüber nachzudenken, welche Ihrer Grundvoraussetzungen und welche Ihrer Vorlieben ein Partner erfüllen sollte.

* Worin besteht Ihre C.S.Q.N. – das eine, ohne das Sie nicht leben können – in einer Beziehung?
* Was ist Ihnen in einer Beziehung sonst noch wichtig? Schreiben Sie so viele Dinge wie möglich auf. Auf welche könnten Sie möglicherweise verzichten?

* Und einfach so zum Spaß: Von welchen Eigenschaften oder Erlebnissen würden Sie sich gerne überraschen lassen?

Ist er *der Richtige?*
Ist sie *die Richtige?*

Auf der Suche nach Liebe verbringen viele Menschen unglaublich viel Zeit damit herauszufinden, ob der, mit dem sie ausgehen, der Richtige für sie ist, oder wie ich es nenne, ob er wirklich der saftige Sonntagsbraten ist oder nur falscher Hase. Ob er nun der Richtige ist oder nicht, wird allerdings nicht dadurch bestimmt, ob er das richtige Zubehör hat – zum Beispiel einen Haufen Diamanten oder einen Sportwagen.

Statt dessen hat es etwas mit Ihrer Fähigkeit zu tun, sich selbst und andere korrekt einzuschätzen. Das wiederum setzt voraus, daß Sie sich Ihrer Vorlieben hinsichtlich Ihrer Aktivitäten, Ihrer C.S.Q.N., Ihrer sonstigen Bedürfnisse und denen des anderen Menschen bewußt sind.

Aber jede Einschätzung Ihrer selbst und anderer Menschen hilft Ihnen nur bis zu einem gewissen Punkt weiter, denn die Merkmale, die Sie entdecken, existieren ja alle auf der Ebene des Egos. Aber wir sind eben auch spirituelle Wesen mit einer eigenen Moral, mit Werten und einem intuitiven Verständnis unserer höchsten Bestimmung. Daher wirken bei jeder Suche nach dem

«Einen» auch immer diese tieferen Schichten Ihres Wesens mit. Neben Ihrem Ego möchte eben auch Ihre Seele mit Ihrer Wahl zufrieden sein.

Auf der seelischen Ebene sollte der Mensch, in den Sie sich verlieben, Ihre Werte teilen und unterstützen. Oft ist es im Eifer der Leidenschaft oder in der Verzweiflung der Einsamkeit leicht, dies zu übersehen. Sie möchten sich einfach verlieben und denken dabei im Augenblick nicht an Politik oder daran, daß Sie die Umwelt schützen möchten, daß Sie an Loyalität Ihrer Familie gegenüber glauben oder daß bei Ihnen Ehrlichkeit an erster Stelle steht. Aber langfristig gesehen, zählen diese Dinge eben doch und können entweder die Grundlage für gemeinsame Aktivitäten bilden oder das Ende der Beziehung herbeiführen.

Nehmen Sie sich jetzt einen Augenblick Zeit, um über Ihr Wertesystem nachzudenken.

* Was ist im Leben für Sie am wichtigsten: Ihre Gesundheit? Abstinenz gegenüber Drogen aller Art? Kreativität? Spiritualität? Güte? Ihre Kinder? Möchten Sie etwas hinterlassen, durch das die Erde geheilt wird? Möchten Sie einen positiven Beitrag leisten, statt nur zu konsumieren? Möchten Sie den Planeten Erde retten?

* Wofür würden Sie Ihr Leben riskieren oder

es aufgeben? (Die Frage wird Ihnen zeigen, welche Ihre höchsten Ideale sind.)

Ganz gleich worin Ihre Ideale bestehen, repräsentieren sie eine Haltung, die Sie als Persönlichkeit eingenommen haben, und zwar nicht nur für den Augenblick, sondern wahrscheinlich für Ihr ganzes Leben. Ihre Ideale sagen auch etwas über Ihren Lebensweg aus – warum Sie hier auf Erden sind –, und obwohl Ihr Partner Ihre Werte nicht mit der gleichen Leidenschaft vertreten muß, wie Sie selbst es tun, so sollte der Mensch, den Sie lieben, Sie doch für Ihre Ideale ehren und Sie dafür respektieren.

Wenn Sie sich Ihre Ideale ehrlich eingestanden haben, merken Sie möglicherweise, daß der Mensch, in den Sie sich letzten Freitag verliebt haben, nicht derjenige ist, mit dem Sie den Rest Ihres Lebens verbringen möchten. Sie werden aufgrund einer realistischen Einschätzung der Situation zu dem Schluß kommen, daß Sie die Zeit mit ihm jetzt genießen und die Beziehung im geeigneten Augenblick beenden können. Wenn das auf Sie zutrifft, sollten Sie die Beziehung auskosten, so lange es Ihnen möglich ist, sie beenden, wenn dies nötig geworden ist, und bereit sein, noch ein wenig länger allein zu bleiben, wenn dies erforderlich sein sollte.

Sollten Sie entdecken, daß der Mensch, für den Sie sich interessieren, auf irgendeine Weise nicht der richtige für Sie ist, sollten Sie keine Angst davor haben, Ihre Meinung zu ändern. Eine der schönsten Erfahrungen auf der Suche nach Liebe besteht darin zu entdecken, daß Sie sich wirklich auf Ihre Instinkte verlassen können. Wenn der Mann, in den Sie unsterblich verliebt sind, zu Ihrem ersten Rendezvous in hochhackigen grünen Stiefeletten erscheint (wie es einer Frau geschah), könnte es sein, daß er eigentlich lieber einen männlichen Freund hätte (wie sich in dieser Geschichte später herausstellte). Wenn Ihnen Ihr Instinkt sagt, daß irgend etwas nicht stimmt, sollten Sie keine Angst davor haben, dementsprechend zu handeln.

Wenn Sie den falschen Fisch an der Angel haben – wenn er zu klein ist oder gerade Schonzeit hat –, erfreuen Sie sich an seinem Anblick, an seinen schimmernden Schuppen und strahlenden Augen, und werfen Sie ihn zurück in den Teich. Bedenken Sie, daß es nicht schlimm ist, noch etwas länger allein zu bleiben, und daß Einsamkeit sogar ein großartiger Lehrer sein kann, der Sie weiter auf die Liebe, die Sie verdient haben, vorbereitet.

7
Erkennen Sie den tieferen Sinn einer Beziehung

Wir alle befinden uns in einem wunderschönen, sich ständig entfaltenden Prozeß unserer Entwicklung als Individuum. Wir sind weder Zinnsoldaten noch Nußknacker-Menschen. Jeder von uns ist ein lebendes Wesen, ein form- und veränderbares, fließendes Bewußtsein, das in der Lage ist, sich selbst zu erschaffen, und das sich bedingt durch die Situation und Menschen, auf die es trifft, immer wieder aufs Neue formt und wandelt.

Deshalb hat jede Beziehung, selbst wenn sie noch so kurz sein mag, ihre Bedeutung. Jede Beziehung ist ein transformativer Prozeß der Entwicklung zweier Seelen und der Heilung ihrer Gefühle. Je mehr Sie sich dieser tieferen Bedeutung im klaren sind, desto mehr werden Sie erkennen können, welche Liebe für Sie die richtige ist, und ihre Segnungen empfangen.

Denn wenn Sie darum bitten, daß die Liebe in Ihr Leben treten möge, bitten Sie um etwas ganz Gewaltiges. Sie bitten nicht nur um einen Menschen, der die Anforderungen erfüllt, die Sie an Beziehungen stellen, wie ich es in Kapitel 6 beschrieben habe, sondern auch darum, Ihr Leben im Einklang mit Ihrer höchsten Bestimmung führen zu dürfen.

Denn ob Sie sich dessen nun bewußt sind oder nicht, tritt der Mensch, dem Sie in Liebe verbunden sind, in Ihr Leben, um genau diesen Zweck zu erfüllen. Ob seine Rolle im Gesamtzusammenhang Ihres Lebens nun groß oder klein ist, ob er Ihnen die Freude bereitet oder den Ärger bringt, durch die Sie zu dem werden, was Sie sind, taucht er immer auf, um Ihnen bei der Verwirklichung Ihrer Bestimmung zu helfen. Das trifft auch auf Sie im Hinblick auf seine Bestimmung zu, denn Sie sind in das Leben eines anderen Menschen getreten, um ihn seiner höchsten Bestimmung näher zu bringen. Den Tanz dieser beiden Bestimmungen nenne ich «den heiligen Tango der Liebe».

Wenn Sie sich dieser höchsten Bestimmung bewußt sind, können Sie sofort anfangen, darauf zu vertrauen, daß der Mensch, der Ihnen gesandt wurde, gekommen ist, um Ihnen bei der Verwirklichung Ihrer Bestimmung zu helfen, selbst wenn er in Ihrem Liebesleben nur eine Nebenrolle spielen sollte und nicht die Hauptrolle.

Der Sinn Ihres Lebens

Viele von uns haben nur eine schwache Ahnung, was mit «höchster Bestimmung» oder «Sinn des Lebens» gemeint sein könnte. Sie werden vielleicht sogar sagen: «Bestimmung? Meine Bestimmung ist es aufzustehen und zur Arbeit zu gehen, damit ich die Miete bezahlen kann und ab und zu etwas Zeit für mich selbst habe.» Wenn wir an Sinn oder Bestimmung denken, tun wir dies oft innerhalb des eng eingegrenzten Rahmens, in dem sich der Überlebenskampf von einem Tag zum nächsten vollzieht.

Aber in jedem von uns liegt der Same einer großen Bestimmung, und unser spiritueller Weg besteht darin, dieses zarte Pflänzchen zu hegen und zu pflegen. Das erfordert aber, nach innen zu schauen und sich zu fragen: «Was tue ich hier?» «Wohin führt mich mein Leben?» «Warum wurde mir die Chance gegeben, als Mann oder Frau mit bestimmten Eigenschaften zu existieren und die einzigartigen Erfahrungen zu machen, die ich zur Zeit mache?»

Jeder von uns wurde mit einer ganz bestimmten Aufgabe geboren, und nicht etwa rein zufällig hier auf Erden abgesetzt, um einfach leeren Platz zu füllen und dabei mitzuhelfen, die Umwelt zu zerstören. Je mehr Sie bewußt verstehen, worin Ihre Aufgabe besteht, desto klarer wird Ihnen auch werden, wer auf dieser Reise Ihr wahrer Partner sein kann.

In unruhigen oder traumatischen Zeiten mag es schwer zu erkennen sein, worin Ihre Bestimmung besteht, da das Leben dann oft grausam und sinnlos und völlig vom Zufall abhängig zu sein scheint. Aber genau in diesen Momenten, in denen das Leben am mysteriösesten und schwärzesten erscheint, kann der wahre Sinn eines Lebens besonders deutlich werden: Eine Frau, die unter einer lebensgefährlichen Krankheit leidet, entdeckt ein Heilmittel, das Hunderten das Leben rettet; ein Mann, der seine Frau durch einen Flugzeugabsturz verloren hat, wird Therapeut und hilft so anderen Menschen, mit ihrem Kummer fertigzuwerden; eine Frau, die keine Kinder bekommen kann, wird zur Expertin auf dem Gebiet der künstlichen Befruchtung. Wenn uns plötzlich der Sinn des Lebens sichtbar wird, können wir endlich beginnen, im Einklang damit zu leben.

Glücklicherweise brauchen die meisten von uns nicht so furchtbar zu leiden, um herauszufinden, worin unsere höchste Bestimmung besteht, und darum sind intime Beziehungen so wichtig. Mehr als alles andere, was wir tun, helfen sie uns, unsere höchste Bestimmung zu entdecken und dementsprechend zu leben. Sie helfen uns, unsere Aufgabe zu erkennen und all das zu heilen, was uns daran hindert, sie zu erfüllen. Beziehungen können aber auch an sich schon die Verkörperung unserer Lebensaufgabe sein.

Das Historikerehepaar William und Ariel Durant ist dafür ebenso ein Beispiel wie Madame Curie und ihr Mann Pierre. Jede Liebesbeziehung kann eine Partnerschaft sein, deren Grundlage die Verwirklichung eines höheren Ideals ist. Das kann unter anderem die Erziehung von Kindern, die Eröffnung eines Geschäfts oder die Gründung einer Universität sein.

Überlegen Sie sich jetzt, worin der Sinn Ihres Lebens bestehen könnte.

* Was glauben Sie jetzt in diesem Augenblick, worin der Sinn Ihres Lebens besteht? Warum sind Sie hier? Um zu dienen oder zu lehren? Um Künstler, Musiker oder Schriftsteller zu sein? Um selbst etwas zu erschaffen oder um denen zu helfen, die kreativ sind? Um im Geschäftsleben erfolgreich zu sein? Um Politiker zu werden oder Menschen auf andere Art zu führen? Als weiser Vater oder gütige Mutter? Als Philosoph oder Heilerin?

Wenn Sie sich verlieben und dies in dem Bewußtsein tun, daß Ihr Leben einen Sinn hat, wird die Liebe, die zu Ihnen kommt, von einer höheren Qualität sein, als sie es jemals sein könnte, wenn Sie sich einfach nach Liebe sehnen, weil Sie sich langweilen und sich wünschen, jemand würde Sie ein wenig aufmuntern. Wo eine große Liebe ist, da ist auch eine hohe Bestimmung, und wo eine hohe Bestimmung ist, da ist auch eine große Liebe möglich.

Wenn wir erst einmal verstehen, welcher Sinn unseren Beziehungen innewohnt, können wir auch ihre große Schönheit erkennen. Mehr als alles andere im Leben lehren uns Beziehungen nämlich, daß wir uns immer in einem Prozeß des Werdens befinden. Wir entwickeln uns durch Beziehungen vom Augenblick unserer Geburt an, wenn wir in eine Familie eintreten und den besonderen Umständen ausgesetzt werden, die unser Lebensthema formen. Dann beginnen wir unsere lange Reise und leben die vielfältigen Variationen dieses Themas in der Schule, mit unseren Geschwistern, mit Freunden und Kollegen, in der Gesellschaft und am Arbeitsplatz aus. Alles, was wir sind und werden, werden wir durch irgendeine Form von Beziehung.

Wenn Sie auch nicht immer erkennen können, auf welchen Weg Ihre vergangenen Beziehungen Sie geführt haben, so sind Sie doch durch sie Ihrer höchsten Bestimmung jedesmal ein Stückchen näher gekommen. Daran zu glauben erfordert manchmal Vertrauen. Damit Sie in der Tiefe Ihres Herzens begreifen, daß alle Ihre Beziehungen, ganz gleich wie frustrierend oder enttäuschend sie auch gewesen sein mögen, an der Erfüllung Ihrer Lebensaufgabe mitgewirkt haben, müssen Sie unbedingt vertrauen. Aber wenn Sie diese tiefe Wahrheit akzeptieren, wird Ihr Leben anmutiger und schöner werden, und die Beziehung, die für

Sie die richtige ist, wird die Chance haben zu entstehen.

Unsere Entwicklungsarbeit

Jeder von uns geht in seinem Leben eine Reihe von Beziehungen ein, an denen sich sowohl der Entwicklungsprozeß unserer Persönlichkeit als auch der unserer Seele ablesen läßt. Unsere engen Beziehungen sind das Medium, mit dessen Hilfe wir eine Reihe von Wachstumsprozessen durchmachen: psychische Veränderungen, durch die wir voll ausgebildete Menschen werden, und spirituelle Transformationen, die unsere Seele verschönern. Wie sehr wir zu einem psychisch ausgeglichenen und spirituell lebendigen Menschen werden, hängt natürlich davon ab, in welchem Ausmaß wir bereit sind, an den Transformationsprozessen teilzunehmen, die uns unsere Beziehungen bieten.

Auf der Ebene des Egos versuchen wir einfach nur, uns durch das Alphabet unserer persönlichen Entwicklung hindurchzuarbeiten. Wir tun dies in einer Reihe von Wachstumsprozessen, die ich «Entwicklungsarbeit» nenne. Durch sie lösen wir nach und nach die Probleme, die sich uns im Rahmen unseres Lebensthemas stellen, das ich Ihnen in Kapitel 3 vorgestellt habe.

Wenn wir Beziehungen eingehen, suchen wir uns intuitiv die Partner, die uns helfen können, diese Entwicklungsarbeit zu leisten, um die Bedeutungen der Vorfälle unserer Kindheit zu entschlüsseln, die durch sie entstandenen Wunden zu heilen und über die durch sie gesetzten Grenzen hinauszugehen. Manche dieser Aufgaben liegen im Bereich äußerer Bedingungen, da es dabei darum geht, Versäumnisse der Erziehung nachzuholen. In diesen Fällen kann Ihnen der Partner helfen, Fertigkeiten, Einstellungen und Verhaltensweisen zu entwickeln, deren Entstehung nicht angeregt oder deren Wachstum nicht gefördert wurde.

Andere Aspekte der Entwicklungsarbeit liegen im Bereich der emotionalen Heilung. Das bedeutet, daß Sie in Ihren intimen Beziehungen in der einen oder anderen Form das schmerzhafte Lebensthema Ihrer Kindheit wiedererleben und auflösen können, indem Sie entweder immer wieder auf bestimmte Aspekte gestoßen werden oder entdecken, daß es Alternativen dazu gibt. Ganz gleich worum es bei Ihrem Lebensthema auch gehen mag, versuchen Sie immer, es auf intuitive Weise zu lösen, und jede Beziehung, die Sie eingehen, spielt auf dem Weg zu emotionaler Ganzheit dabei eine Rolle.

Die tatsächliche Bewältigung dieser Entwicklungsarbeit geht in einer Beziehung unter Umständen völlig unsichtbar vonstatten, aber ob Sie sich dessen nun bewußt sind oder nicht, so arbeiten Sie doch immer daran. So werden Sie wahrscheinlich nicht denken: «Ich habe mir für meine intime Beziehung eine verheiratete Frau ausgesucht, die nicht wirklich frei ist, damit ich mich noch einmal so im Stich gelassen fühlen kann wie damals, als meine Mutter starb und ich erst zehn war.» Aber wenn dieser Satz Ihr Lebensthema und Ihre jetzige Situation beschreiben sollte, dann sind Sie möglicherweise gerade damit beschäftigt, ein derartiges Problem zu lösen.

Wahrscheinlich denken Sie auch nicht: «Ich habe eine Beziehung mit einem Mann, der ein ebenso selbstgerechter Egoist ist wie mein Vater, damit ich endlich die Wut fühlen kann, die ich damals nicht gefühlt habe.» Die Wahrheit ist, daß Sie sich zwar mit der Situation anfreunden können, aber nichts daran ändern werden, daß diese Problematik existiert. Die Schönheit und die Macht einer intimen Beziehung liegen eben darin, daß sie diese Themen immer wieder aufkommen läßt und uns immer wieder die Möglichkeit bietet, sie aufzulösen.

Unsere Aufgaben scheinen immer dann offensichtlich zu sein, wenn wir eine Fertigkeit erlernen oder eine bestimmte Verhaltensweise ändern wollen, zum Beispiel indem wir einen Schulabschluß nachmachen oder lernen, mit Geld umzugehen. Sie können aber auch subtiler sein, weil sie sich allein auf psychologischer Ebene stellen, zum Beispiel indem wir den Partner finden, der uns dabei helfen kann, unser Selbstbewußtsein zu stärken; indem wir die Schönheit unseres Körpers akzeptieren; indem wir lernen, daran zu glauben, daß wir, obwohl wir als Kinder geschlagen wurden, wunderbare Eltern werden können.

Für jeden von uns ist es wichtig, sich die Aufgaben unserer Entwicklungsarbeit anzuschauen und zu erkennen, wie wir durch sie unsere psychischen Probleme lösen können, da wir sie sonst immer wieder blind ausleben werden. Mir fällt dabei eine Frau namens Anne ein, die sich leidenschaftlich danach sehnte, Bildhauerin zu werden und die nacheinander vier Süchtige heiratete: einen Alkoholiker, einen Drogenabhängigen, einen Spieler und einen Mann mit einer Eßstörung. In ihrem Fall waren nicht aller guten Dinge drei, sondern vier. Erst nachdem ihre vierte furchtbare Ehe gescheitert war, fing sie an nachzudenken: «Das scheint wohl ein Thema für mich zu sein. Ich frage mich, was ich wohl aufzuarbeiten versuche, wenn ich mich immer wieder in Suchtkranke verliebe?»

Als Anne schließlich eine Therapie begann, erkannte sie, daß sie sowohl mit ihrem Vater als auch mit ihrer Mutter Probleme hatte, die noch aufzuarbeiten waren. Ihre Mutter war eßsüchtig gewesen und ihr Vater Alkoholiker. Sie trug eine unglaubliche Wut auf beide Eltern in sich, mit der sie sich noch nie auseinandersetzt hatte.

Als sie im Laufe eines langwierigen Prozesses mit unzähligen Wutausbrüchen und vielen Tränen an der Auflösung ihres Schmerzes arbeitete, lernte sie nach und nach Beziehungen zu Männern aufzubauen, mit denen sie Liebe auf eine gesunde Weise austauschen konnte, statt dieses Muster endlos zu wiederholen. In ihrem Fall lösten sich ihre Probleme auf, weil sie das Muster mehrere Male wiederholt hatte und dadurch angeregt worden war aufzuwachen. Nur dadurch konnte sie ihre Kreativität entdecken und zu der dynamischen Bildhauerin werden, die sie heute ist.

Jeder von uns hat einen ganzen Stammbaum von Beziehungen. Wie bei Anne sind manche davon «schlechte» Erfahrungen, an die wir nicht gerne zurückdenken und deren Segnung darin besteht, uns zu zwingen aufzuwachen und damit aufzuhören, den unverarbeiteten Schmerz aus der Vergangenheit immer und immer wieder auszuleben. Andere Beziehungen wurden uns geschenkt, damit wir etwas Wunderbares erleben konnten, etwas, das wir bisher noch nicht gekannt hatten: einen Mann, der uns zärtlich in den Arm nimmt; eine Frau, die voller Mitgefühl zuhört, wenn wir unsere Gefühle ausdrücken.

Wenn ich über diese Entwicklungsarbeit spreche, meinen manche Zuhörer, daß dies eine höchst unromantische Sicht der Liebe sei, ja, daß diese Einstellung der Autopsie einer Beziehung gleiche. Statt mich einfach an ihrer atemberaubenden Schönheit zu erfreuen, würde ich mir statt dessen nur die Knochen, Muskeln und das Herz anschauen, das sie am Leben hält.

Diese Sichtweise mag zwar auf den ersten Blick tatsächlich unromantisch erscheinen, aber sobald wir unsere Beziehungen auf diese Art betrachten und sie dafür ehren, daß sie unsere entwicklungsmäßigen Aufgaben erfüllen, lernen wir sie auf eine ganz neue Weise zu schätzen. Statt die Menschen, die wir geliebt haben, als Zufallsbekanntschaften abzutun, die einfach irgendwie in unser Leben hineingeschneit sind, erkennen wir in ihnen Heiler, Helfer, Magier, strahlende Ritter, Königinnen und Majestäten. Wir erkennen auch, daß alles, was wir mit ihnen und sie mit uns erlebt haben, uns auf unserem Weg zu unserer höchsten Bestimmung ein Stück weitergebracht hat – und sie ebenfalls.

Vor kurzem unterhielt ich mich mit einer Frau, die zu mir sagte: «Ich habe eine schwierige Ehe hinter mir, aber in ihr habe ich bedingungslose Liebe gelernt. Was für ein unglaubliches Geschenk!» Ein geschiedener Mann, der angefangen hatte, seine vergangenen Beziehungen auf neue Weise zu sehen, erkannte, daß er zwar nicht das ersehnte Glück mit seiner Frau erlebt hatte, daß sie ihm aber zwei wunderbare Kinder geschenkt hatte. Durch sie hatte er die Freuden elterlicher Liebe entdecken können und war endlich fähig geworden, seiner Mutter zu vergeben, die ihn auf schlimmste Weise mißhandelt hatte.

Die Geschichte Ihrer Beziehungen

Wir alle befinden uns auf einer Reise zu jenem Ort in unserem Herzen und in unserer Seele, wo wir in einem Zustand der Gnade leben können, der Liebe heißt. Aber jeder von uns ist auf dieser Reise an einem anderen Punkt angelangt. Eben weil Liebe eine Reise ist, sollten Sie sich immer darüber im klaren sein, an welchem Hotel oder Straßenschild Sie gerade gehalten haben, um zu wissen, wo Sie sich zur Zeit befinden und was Ihre nächste Station sein soll. Deshalb ist es in diesem Augenblick, in dem Sie sich darauf vorbereiten, einen neuen Menschen in Ihr Leben zu lassen, angebracht, sich die heute notwendige Entwicklungsarbeit im Licht der Geschichte Ihrer Beziehungen anzusehen.

Schauen Sie sich an, welche Menschen bisher in Ihr Leben getreten sind, um Ihre erste Schülerliebe zu werden, Ihr erster Urlaubsflirt, Ihr erster Mann oder Ihre erste Frau, Ihr Lebenspartner oder Ihr gottverdammter größter Fehler – und finden Sie heraus, auf welche Weise jeder dieser Menschen Ihnen auf Ihrem Weg geholfen hat.

Um dies zu tun, schlage ich vor, daß Sie einen «Beziehungsrückblick» schreiben. Diese Übung ähnelt einem Spaziergang durch die Gärten Ihres Liebeslebens, auf dem Sie stehenbleiben, um sich die Menschen – von denen manche schon zu Betonstatuen erstarrt sind – anzuschauen, die Ihnen einmal nahe waren und Ihr Herz berührt haben.

* Schreiben Sie die Namen aller wichtigen Liebespartner auf, und fangen Sie mit Ihrer ersten Liebe an. Schreiben Sie neben jeden Namen, was Ihre Beziehung prägte.
* Welches war das unvergeßlichste Erlebnis dieser speziellen Beziehung? War es die Amerikareise, der Bau des Eigenheims, die Geburt Ihres Kindes?
* Wenn Sie die Essenz dieser speziellen Beziehung wie in einem Filmtitel zusammenfassen sollten, wie würden Sie sie nennen? Zum Beispiel: «Knapp daneben ist auch vorbei.» Oder: «Zu wenig, zu spät.» «Mein Sommer im Paradies.» «Außer Arbeit nichts gewesen.»
* Wie haben Sie sich im Laufe dieser speziellen Beziehung verändert?
* Was ist an Ihnen aufgrund dieser speziellen Beziehung jetzt anders?
* Wenn Sie sich von ganzem Herzen bei dem

betreffenden Menschen für das bedanken würden, was Ihnen die Beziehung gebracht hat, was würden Sie zu ihm sagen? «Danke, daß du mir geholfen hast, die Firma auf die Beine zu stellen!» Oder: «Danke, daß du mir gezeigt hast, wovor ich mich hüten muß!»

* Zum Schluß schauen Sie sich die fortlaufende Entwicklung Ihrer Beziehungen an, und versuchen Sie zu erkennen, worin Ihre Beziehungsarbeit mit jedem Partner bestand. Diente Ihre gemeinsame Reise vor allem dazu, die Wunden Ihrer Kindheit zu heilen? Oder um das Talent zu entwickeln, das Ihr Geschenk an die Welt ist? Um ein Gefühl für die Heiligkeit allen Lebens zu bekommen? Um zu lernen, Ihr Leben besser zu organisieren? Oder um erwachsen zu werden? Um die Angst hinter sich zu lassen und sich der Liebe zuzuwenden?

Bei diesem Rückblick auf die Geschichte Ihrer Beziehungen wird Ihnen wahrscheinlich auffallen, daß diese einem eher chaotischen Muster folgen. In einer haben Sie möglicherweise die Fähigkeiten Ihres Verstandes kennengelernt; in einer anderen haben Sie sich mehr auf Ihren Körper konzentriert und angefangen, Sport zu treiben, Ihre Eßgewohnheiten zu ändern, sich von einer Sucht zu befreien und zu erkennen, daß der Körper tatsächlich die Heimstatt Ihrer Seele ist. Manche Beziehungen waren eher spielerisch, andere erfüllten Ihr Bedürfnis nach Heilung, einige dienten dem Wachstum Ihrer Seele – aber für Ihre Entwicklung waren sie alle notwendig. Unabhängig davon, ob Sie jetzt jemanden zum Spielen brauchen, einen Seelenpartner oder einen Mitbewohner, hat jede Beziehung, die Sie hinter sich haben, ein paar Noten zur Sonate Ihres Lebens beigetragen.

Wenn Sie Ihren Beziehungsrückblick abgeschlossen haben, ist Ihnen wahrscheinlich schon klar geworden, daß Sie tatsächlich der Weisheit Ihrer Seele vertrauen können. Jede Beziehung ist eine Reise sowohl auf der Ebene des Egos als auch auf der Ebene der Seele. Da wir soviel Zeit auf der Egoebene verbringen, wo wir Schmerz und Freude, Sehnsucht und Abhängigkeit, Glück und Unglück empfinden, glauben wir oft, daß sich unser Selbst in unserem Ego erschöpft. Aber hinter den Kulissen ist immer unsere Seele am Werk und arbeitet daran, uns genau die Erfahrungen zu ermöglichen, durch die wir eine höhere Stufe der Evolution erklimmen können, auf der es uns nicht nur «gut geht», sondern auf der wir die wahre Bestimmung unseres Lebens erkennen und erfüllen können.

Wenn Sie sich die Geschichte Ihrer Beziehungen anschauen, werden Sie einen Blick auf das

Wirken Ihrer Seele erhaschen können. Sie werden wieder und wieder erkennen können, daß Sie vielleicht nicht immer das bekommen haben, was Sie sich erhofft hatten, aber daß etwas anderes Wichtiges geschehen war. Sie wuchsen nämlich auf eine Weise, die Sie sich nie hätten vorstellen können; sie veränderten sich auf eine Weise, die Sie sich nie hätten träumen lassen. Vor allem können Sie jetzt wahrscheinlich erkennen, daß es schon immer einen Plan gab, nach dem sich Ihr ganzes Leben vollzieht, und daß Sie, indem Sie eine Beziehung nach der anderen eingingen, der Erfüllung Ihrer einzigartigen Lebensaufgabe jeweils ein kleines Stückchen näher gekommen sind.

Es ist nun an der Zeit, die Vergangenheit hinter uns zu lassen und herauszufinden, was Ihr Ego und Ihre Seele jetzt von der Liebe erwarten. Denn ganz gleich, worin sie auch bestehen mag, liegt jetzt eine neue Entwicklungsarbeit vor Ihnen, und der Mensch, auf den Sie warten, ist derjenige, der Ihnen helfen wird, sie zu bewältigen. Unabhängig davon, wie Ihre jetzige Aufgabe auch aussehen mag, wird der Mensch, in den Sie sich bald verlieben werden, Ihnen dabei helfen, ob es nun darum geht, ein Baby zu bekommen oder weiblicher zu sein, einfach mehr Spaß zu haben oder die Wonnen der Liebe auszukosten.

8
Verstehen Sie die Weisheit Ihrer Seele

Wenn Sie Ihren Beziehungsrückblick schreiben, sollte Sie das für die Zukunft eigentlich optimistisch stimmen, da Sie hoffentlich erkennen, daß – ganz gleich auf welche Weise der Mensch Ihrer Träume zu Ihnen kommt: durch einen merkwürdigen «Zufall», aus heiterem Himmel oder auf ganz alltägliche Art und Weise – er immer Teil des großen Plans ist, der seit Anbeginn der Zeit für Sie bestimmt war. Ob Sie Ihrer großen Liebe an einer Straßenecke begegnen oder sie aus Hunderten von Kandidaten bei der Heiratsvermittlung per Video aussuchen, ist sie doch immer ein Geschenk des Universums, das Ihnen in dem Bereich helfen soll, der gerade für Sie zu bewältigen ist.

Ich nenne diesen Augenblick, der eine Verbindung darstellt zwischen dem, was Sie in Ihren vergangenen Beziehungen bereits erledigt haben, und dem, was Sie als nächstes angehen müssen, «das Fenster des Möglichen». In diesem Augenblick bestehen große Chancen für Veränderungen; er ist der Dreh- und Angelpunkt, von dem aus Sie den nächsten Schritt machen können.

Da Sie dieses Buch lesen, ist es wahrscheinlich, daß es in Ihrem Leben eine Leere gibt, die Sie mit

Liebe füllen möchten. Ein Fenster ist ein Symbol für die Leere, die die notwendige Vorbedingung für jede Veränderung ist. In allen Zwölf-Schritte-Programmen wird davon gesprochen, «bis auf den Grund gefallen zu sein». Dieser «Grund» ist ein schwarzes Loch, in dem endlich alle Möglichkeiten, Freude aus einer Sucht zu ziehen, erschöpft worden sind. Aus dieser Leere kann ein Mensch wiedergeboren werden. So wie jede Geburt der dunklen Leere entstammt, so entspringt auch jede Veränderung Ihres Lebens diesem Quell der Leere.

Fenster des Möglichen entstehen durch Krisen oder Verluste, durch das Gefühl, etwas sei sinnlos geworden, oder durch die Gewißheit, etwas zum Abschluß gebracht zu haben. Wenn Sie beispielsweise plötzlich ernsthaft krank werden, entsteht eine Lücke in Ihrer normalen Erfahrungswelt, aufgrund derer Sie bereit sind, sich zu ändern. Wenn Sie eine Beziehung beenden, schaffen Sie Raum für eine neue; wenn Sie einen Freund verlieren, haben Sie Zeit für einen neuen; wenn Sie einen großen beruflichen Fehlschlag erleben, gibt Ihnen das die Möglichkeit, ernsthaft über Ihr Leben nachzudenken.

Fenster des Möglichen sind Augenblicke des Erwachens, Zeiten, in denen die Veränderungen, die Sie vornehmen wollten, wozu Sie aber bisher noch nicht in der Lage waren, plötzlich möglich werden. Das auslösende Ereignis mag ganz eindeutig zu definieren sein und zum Beispiel in der Beendigung einer langjährigen Karriere bestehen oder im Umzug in eine neue Stadt, im Ausziehen aus dem Haus Ihrer Eltern oder dem Beginn eines Studiums; es kann darin bestehen, daß Sie Ihre beiden Kinder nicht mehr allein großzuziehen brauchen, daß Ihr Partner stirbt oder daß Sie plötzlich erkennen, daß Sie zehn Jahre lang keine Beziehung hatten und jeden Abend allein zu Hause gesessen haben. Jedes dieser Ereignisse stellt einen kritischen Augenblick dar, in dem Sie sich bereitmachen, etwas Neues zu wagen, und beispielsweise einen Menschen kennenlernen oder eine Reihe von Erfahrungen machen, durch die Sie auf dem Weg Ihrer persönlichen Entwicklung vorankommen.

Auch wenn wir es nicht immer erkennen, so besteht das Leben doch aus einer Reihe von diesen Fenstern, die die Dreh- und Angelpunkte großer Veränderungen sind. Schon allein die Tatsache, daß Sie bewußt auf der Suche nach einer Beziehung sind, öffnet für Sie ein Fenster des Möglichen. Und je stärker Sie davon überzeugt sind, daß dieses Fenster tatsächlich existiert, und je mehr Sie erkennen, worin Ihre gegenwärtige Entwicklungsarbeit besteht, desto leichter werden Sie den richtigen Menschen erkennen, wenn er sich Ihnen nähert. «Aha», werden Sie dann sagen, «da ist ja der Mensch, der mir geschickt wurde, um mir zu helfen, mein Herz zu öffnen; da ist ja der Mann, der mir helfen wird, von einer Witwe zu einer Geliebten zu werden; da ist ja die Frau, die mir dabei helfen wird, von einem Mann, dem die Karriere über alles ging, zu einem emotional bewußten Menschen zu werden.»

Nehmen Sie sich jetzt etwas Zeit, um herauszufinden, wodurch für Sie ein Fenster des Möglichen geöffnet wurde und worin Ihre gegenwärtige Entwicklungsarbeit besteht.

* Welchen Prozeß haben Sie gerade abgeschlossen? Zum Beispiel: Sie haben sich gerade von Ihrem Freund getrennt. Sie haben kürzlich Ihre Doktorarbeit fertiggestellt. Ihre Kinder haben das Haus verlassen, um die Universität zu besuchen.
* Welche Öffnung wurde dadurch geschaffen? Haben Sie nun mehr Zeit? Mehr Freiheit? Ein stärkeres Selbstbewußtsein?
* Welche Aufgaben umfaßt Ihrer Meinung nach Ihre nächste Entwicklungsarbeit? Was ist es, das Sie zur Zeit am meisten entwickeln oder verändern wollen? Wollen Sie einen Konflikt mit Ihren Eltern oder Geschwistern beenden? Ihre negative Einstellung gegenüber Geld ändern? Ihre Angst vor Erfolg überwinden? Oder Ihre Unfähigkeit, ande-

ren zu vertrauen? Wollen Sie lernen, Ihre Wut zu zeigen? Oder etwas von anderen anzunehmen?

Wie Sie sehen, können Sie herausfinden, was Ihnen eine Beziehung geben soll, wenn Sie verstehen, worin Ihre jetzige Entwicklungsarbeit besteht. Denn das, was Sie in der Beziehung suchen, die Sie jetzt eingehen möchten, ist etwas, das noch von keiner Ihrer vorangegangenen Beziehungen erfüllt wurde. Dabei kann es sich um viele Dinge handeln, zum Beispiel um eine wahrhaft befriedigende sexuelle Beziehung, die Ihnen Ihr ganzes Leben lang bisher nicht gelungen ist; um eine trostspendende Partnerschaft mit einem Menschen, der einfach für Sie da ist; um eigene Kinder, von denen Sie zwar schon immer geträumt haben, die Sie aber immer wieder wegen Ihrer beruflichen Interessen aufgeschoben haben; um eine gemeinsame Karriere; um die Freude an intellektueller Anregung; um die Möglichkeit, in Ihrem kreativen Schaffen unterstützt und gefördert zu werden; um die Freude an einem gemeinsamen Haushalt und die Sicherheit, die dieser mit sich bringt.

Es gibt viele Ebenen der Entwicklung, die vom absolut Alltäglichen bis hin zum Außergewöhnlichsten reichen. Es könnte sein, daß Sie an der Schwelle zur Erleuchtung stehen, aber auch, daß

Sie ein paar ganz einfache, aber deshalb nicht minder wichtige Bedürfnisse haben, die in einer engen Beziehung erfüllt werden sollen. Sie sind, wo Sie sind. Lassen Sie daher alle Werturteile beiseite. Da sowohl Ihre Persönlichkeit als auch Ihre Seele fest im Prozeß Ihrer Entwicklung verankert sind, brauchen Sie sich nur für den Menschen bereitzuhalten, der für Sie der richtige ist.

Lassen Sie sich nicht verwirren, wenn Sie entdecken, daß das, was Sie jetzt brauchen, sich völlig von dem unterscheidet, was Sie mit 18 gebraucht haben oder mit 80 brauchen werden. Denken Sie immer daran: Sie haben ein Recht darauf, genau das zu beanspruchen, was Sie in diesem Augenblick brauchen. Die Liebe hat Ihnen in ihrer göttlichen Großmut das Recht gewährt, um die Erfüllung Ihrer Herzenswünsche zu bitten.

Worin Ihre Aufgabe auch bestehen mag – Sie sollten sich immer bewußt sein, daß Sie sich ihr jetzt ganz und gar widmen müssen. Dann wird Ihre Seele dafür sorgen, daß der Mensch, den Sie brauchen, um Ihnen dabei zu helfen, und der Sie auf Ihrem Weg begleiten soll, auch tatsächlich zu Ihnen kommen wird.

Wenn ich vor Publikum darüber spreche, wie wichtig es ist, sich bewußt zu machen, was wir von der Liebe eigentlich wollen, ist das vielen Zuhörern peinlich. «Du meine Güte, ich kann doch nicht darum bitten, endlich Selbstvertrauen zu haben, mich schön zu finden oder finanziell abgesichert zu sein.» Es scheint fast, als ob wir uns schämen würden, etwas von der Liebe zu wollen, und als ob wir darauf gedrillt wären, die Liebe einfach so hinzunehmen, wie sie gerade kommt. Wir legen unseren Hoffnungen Maulkörbe an, weil wir nicht erkennen, daß diese Hoffnungen ein Teil unseres Lebensweges sind.

Vor einigen Jahren begegnete ich einer jungen Frau, die in schrecklicher Armut aufgewachsen war. Ihre sechsköpfige Familie hatte in einem Hühnerstall gewohnt. Obwohl sie von ihr so gut wie keine Unterstützung erhalten hatte, hatte sie es geschafft, die Realschule abzuschließen, einen ziemlich guten Job zu finden und ihre eigene Wohnung zu beziehen. Als sie über die Beziehung sprach, nach der sie sich sehnte, sagte sie einfach: «Das mag sich vielleicht banal anhören, aber ich würde mich in jeden Mann verlieben, der für mich sorgen kann. Wenn ich aufhören könnte, mir arm vorzukommen, würde ich mich wirklich geliebt fühlen.»

Ich traf sie vor kurzem wieder, und sie erzählte mir, daß sie einen solchen Mann kennengelernt hatte. «Ich bin jeden Tag dankbar», sagte sie, «er liebt mich, und er sorgt ganz wunderbar für mich. Wir haben zwei kleine Kinder, und weil ich mich so sicher fühle, kann ich sie auf eine Weise lieben, zu der ich nicht fähig sein würde, wenn ich mir jeden Tag Sorgen wegen des Geldes machen müßte.»

Manche von uns schämen sich, weil sie sich jemanden wünschen, durch den sie sich schön oder intelligent, witzig oder begabt fühlen können, andere tun es, weil sie jemanden brauchen, der sie trotz ihrer Bedürftigkeit und ihrer realen Beschränkungen liebt. Ehren Sie Ihren Wunsch nach Liebe so, wie er zur Zeit gerade ist, denn Ihre Seele wird erst dann zufrieden sein, wenn diese bestimmte Sehnsucht erfüllt worden ist. Unsere Sehnsucht ist ein Ausdruck der Weisheit oder Seele, sie wird Ihnen immer die Erfahrungen bescheren, die Sie brauchen, um auf dem Weg der Seele höher und höher zu klettern.

Ein Wunschzettel
für den perfekten Partner

Ein Teil des Prozesses, durch den Ihr Wunschpartner Wirklichkeit wird, besteht darin, sich genau darüber klarzuwerden, welche Eigenschaften er haben sollte. Manche Dinge auf Ihrer Liste werden Ihnen zwar banal erscheinen, aber dennoch repräsentieren gerade sie die Art und Weise, auf welche sich die Weisheit Ihrer Seele nach außen ausdrückt. Je spezifischer Sie bei der Zusammenstellung Ihrer Liste sind, desto mehr werden Sie Ihrer Seele helfen, die wahre Liebe zu finden.

Jeder von uns stellt sich seine Zukunft auf eine bestimmte Weise vor. Wir träumen mit offenen Augen; wir unterhalten uns mit unseren Freunden darüber, wie es wäre, sich zu verlieben; wir fangen an zu phantasieren, wenn wir jemanden, der ein paar der Eigenschaften besitzt, die wir uns wünschen, beim Einkaufen oder auf einer Party sehen. Aber diese vage Art des Wünschens reicht nicht aus. Sie müssen genau definieren, in welche Art von Mensch Sie sich verlieben möchten, da der große Supermarkt im Himmel sonst nicht weiß, wen er zu Ihnen schicken soll.

Es ist verblüffend, wie sehr manche Menschen genau das bekommen, was sie sich gewünscht haben. Eine Frau beichtete mir, daß sie ihr ganzes Leben damit zugebracht hatte, sich in gutaussehende Muskelprotze zu verlieben. Nachdem sie sich nach einer anderthalb Jahre dauernden Ehe von einem dieser Muskelmänner hatte scheiden lassen und fünf Jahre lang allein gewesen war, brachte sie an ihrem Kühlschrank ein halbes Dutzend Bilder von – wie sie es nannte – «normalen, guten Männern» an. «Ich merkte endlich, daß ich einfach geliebt werden wollte», erzählte sie mir, «und daß ich schon damit zufrieden gewesen wäre, einen ganz normalen Mann zu lieben, der mich ebenfalls liebt.»

Innerhalb eines Monats wurde sie von einigen Freunden zu einem Abendessen eingeladen, bei dem sie einen Mann kennenlernte, der etwas kleiner war als sie, dem die Haare auszufallen begannen – und der der netteste Mensch war, dem sie jemals begegnet war. Sie erzählte, es sei ihr vorgekommen, als habe sie endlich den Mann gefunden, den sie in all den Muskelprotzen gesucht hatte. Sie hatte sich nur ständig in der Verpackung geirrt. Kurze Zeit später zogen die beiden zusammen und sind nun seit über neun Jahren glücklich miteinander.

Die Fotos am Kühlschrank waren der Wunschzettel dieser Frau. Vielleicht möchten sie eine Collage zusammenstellen oder Ihre Liste auf rosa Seidenpapier schreiben und zwischen Ihrer Unterwäsche aufbewahren. Vielleicht möchten Sie sie einfach ständig als Vision vor Augen haben. Eine Frau erzählte mir, daß sie, als sie sich verlieben wollte, immer die Augen schloß, bis sie schließlich den Mann ihrer Träume «sehen» konnte.

«Ich konnte es zunächst selbst nicht glauben», sagte sie mir später. «Eines Tages, als ich meine Augen schloß, sah ich ihn vor einer Boutique auf und ab gehen. Jedesmal wenn ich daran dachte, wie gerne ich mich verlieben würde, schloß ich einfach die Augen, und da sah ich wieder, wie er vor dem Geschäft hin und her ging. Ich fand das alles ziemlich verrückt, aber ich hatte einfach Vertrauen und schloß weiterhin die Augen. Sechs

Monate, nachdem ich meine Vision zum ersten Mal gehabt hatte, traf ich meinen Mann auf einer politischen Veranstaltung. Sie werden es erraten haben: Er war der Besitzer einer Boutique.»

Ganz gleich ob Sie eine Vision haben, bestimmte Rituale ausführen oder einfach darum bitten, daß der Mensch Ihrer Träume zu Ihnen kommen möge, ist es an einem gewissen Punkt immer hilfreich, eine genaue Liste zu erstellen. Der erste Punkt auf Ihrem Wunschzettel sollte natürlich Ihre C.S.Q.N. sein. Vergessen Sie auch nicht, darum zu bitten, daß dieser Mensch Ihnen bei der Bewältigung Ihrer Entwicklungsarbeit helfen sollte.

Aber hören Sie nicht an diesem Punkt auf. Malen Sie ein Bild von Ihrem Traumpartner, das so vollständig wie möglich ist: Sie soll in derselben Stadt leben, Musik lieben, Kinder haben wollen, blondes Haar und braune Augen haben; er soll kein Alkoholiker sein und auch früher keiner gewesen sein, er soll groß sein, gut kommunizieren können, ein guter Liebhaber sein, sich nicht für Fußball interessieren, einen Führerschein besitzen. (Ich kannte eine Frau Ende Dreißig, die noch nie mit einem Mann ausgegangen war, der einen Führerschein hatte. Als sie ihren Wunschzettel zusammenstellte, war das der erste Punkt, der ihr einfiel. Sie heiratete einen sehr erfolgreichen Mann, aber als er sie zu ihrem ersten Rendezvous in seiner Limousine abholen ließ, fragte sie ihn als erstes: «Du hast doch hoffentlich einen Führerschein, oder etwa nicht?»)

Es ist wichtig, daß Sie den Wunschzettel gründlich ausfüllen und dabei ganz spezifisch sind. Führen Sie alle großen und kleinen Dinge auf, die für Sie unerläßlich sind. Wenn Sie einkaufen gehen, sagen Sie ja auch nicht einfach: «Ich möchte ein schwarzes Kleid», sondern: «Ich möchte ein schwarzes Kleid mit dreiviertellangen Ärmeln, tief ausgeschnittenem Dekolleté, Lackledergürtel und weitem Rock.» Wenn Sie Ihren Liebeswunschzettel zusammenstellen, sollten Sie daher auch nicht einfach sagen: «Ich möchte einen Mann haben.»

Wünschen Sie sich aber nichts Unmögliches, wie: «Ich möchte, daß er Millionär ist und mich mit nach Sansibar nimmt», oder: «Ich möchte, daß sie Marylin Monroe aufs Haar gleicht!» Wünschen Sie sich die Dinge, die Ihnen wirklich etwas bedeuten, die Sie unterstützen, durch die Sie sich stark, sicher, herausgefordert und geliebt fühlen. Seien Sie sehr spezifisch, denn Worte sind der Grundstein der Realität, und das Universum wird auf Ihren Wunsch auf ganz spezifische Weise reagieren.

Es mag Sie sogar schockieren, wie spezifisch die Reaktion sein kann. Ich kannte eine geschiedene Frau, die einen Wunschzettel schrieb, weil sie wieder heiraten wollte. Auf ihrer Liste stand: «Ich möchte, daß der Mann, der zu mir kommt, intelligent, erfolgreich und vermögend ist, daß er mich schätzt, mich zum Essen ausführt, kulturell gebildet ist, meine Arbeit unterstützt und meine Kinder akzeptiert.» Sie fügte sogar noch einen Nachsatz hinzu: «Es macht mir nichts aus, wenn er ebenfalls verheiratet war und eigene Kinder hat.» Sie hatte eine sehr lange Liste, die sie auf der Festplatte Ihres Computers abspeicherte und dann nicht mehr daran dachte.

Innerhalb weniger Wochen tauchte tatsächlich ein Mann in ihrem Leben auf. Er erfüllte jede Eigenschaft auf ihrer Liste bis aufs i-Tüpfelchen. Er hatte Geld, war erfolgreich, führte sie ins Kino und ins Theater aus, schätzte sie für das, was sie war, und half ihr ohne fiel Federlesens, ihre eigene Firma zu gründen. Er war selbst geschieden und war bereit, ihre Kinder zu akzeptieren. Der einzige Haken war, daß er auf keinen Fall wieder heiraten wollte. Sie hatte auf ihrem Wunschzettel den wichtigsten Punkt vergessen!

Was erwarten Sie also von Ihrem zukünftigen Partner? Schreiben Sie mindestens 15 Dinge auf, die auf den Menschen, den Sie in Ihr Leben rufen, zutreffen sollten. Legen Sie dann Ihren Wunschzettel beiseite, und lassen Sie ihn seine Wunder vollbringen.

Ihre Seele weiß,
wann die Zeit reif ist

Wenn Sie sich anschauen, was Ihnen bisher widerfahren ist, werden Sie erkennen können, daß Ihr Leben keine wahllose Ansammlung von Zufällen ist, sondern eher ein Abenteuer der Seele, das, wie die Muster in einem Teppich, sowohl Schönheit als auch Bedeutung besitzt. Um jetzt Ihr Vertrauen zu beweisen, sollten Sie anfangen, wirklich daran zu glauben, daß Ihre Seele weiß, wann die richtige Zeit für Ihre nächste Beziehung gekommen ist.

Ich bin sicher, daß es Zeiten in Ihrem Leben gab, in denen Sie etwas haben wollten (eine schöne weiße Wolljacke zum Beispiel), es aber zunächst nicht bekommen konnten (weil sie zu teuer war) und aufgaben, nur um später herauszufinden, daß die Verzögerung einen bestimmten Grund hatte (weil der Preis für die weiße Jacke drei Wochen später herabgesetzt wurde und Sie nur noch die Hälfte zu bezahlen brauchten).

Das trifft auch auf die Liebe zu. Es mag zuweilen so aussehen, als ob sie niemals kommen würde, aber Sie sollten darauf vertrauen, daß das Warten einen guten Grund hat.

Vor kurzem lernte ich auf einer Hochzeit ein nettes Paar kennen. Sie waren beide Mitte Fünfzig und erst seit ein paar Jahren verheiratet. Als ich den Mann fragte, wie sie sich kennengelernt hatten, antwortete er: «Ich kenne sie schon seit 25 Jahren. Auf der Uni war ich unsterblich in sie verliebt, aber sie wollte nicht einmal mit mir ausgehen, da sie bereits in den Kerl verliebt war, den sie später geheiratet hat. Ich sah sie erst nach ihrer Scheidung wieder. Ich bin so froh, daß wir nicht zusammenkamen, als wir jung waren, denn wir hätten einander nur unglücklich gemacht. Nun haben wir beide genug schlechte Erfahrungen gemacht, um zu wissen, wieviel Glück wir haben.»

Der Seele zu vertrauen bedeutet, irgendwo tief im Inneren zu wissen, daß es eben so lange dauert, wie es dauern soll, nicht länger und nicht kürzer. Der Zeitplan unterliegt nicht Ihrer Planung. In gewisser Weise liegt es ohnehin außerhalb Ihrer Kontrolle, zu welchem Zeitpunkt die Liebe Ihres Lebens auftauchen wird, denn das Timing hängt von vielen Faktoren ab: zum Beispiel von Ihrer beiderseitigen Verfügbarkeit, dem Erkennen Ihres Lebensthemas und Ihrer emotionalen Struktur, Ihrer Entwicklungsarbeit und Ihrer Liebesfähigkeit. All diese Faktoren müssen zusammenkommen, um eine Beziehung zu kreieren, in der die Bedürfnisse beider Partner befriedigt und ihre Seelen erfüllt werden.

Als dieser Mann sagte, daß es eine Katastrophe wäre, wenn seine Frau und er sich schon früher ineinander verliebt hätten, drückte er etwas aus, das auf jede glückliche Beziehung zutrifft: Es ist immer eine Frage des richtigen Zeitpunkts. Ich kenne ein Paar, das erst mit Vierzig heiratete, weil beide erkannt hatten, daß sie erst in dem Alter dazu bereit waren. John hatte nämlich den größten Teil seines bisherigen Lebens damit zugebracht, Marihuana zu rauchen. Erst gegen Ende Dreißig hörte er damit auf, befaßte sich mit den emotionalen Problemen, denen er durch sein ständiges High-Sein aus dem Weg gehen wollte, arbeitete an seiner beruflichen Karriere und verstand endlich, daß er bereit war, das Risiko einzugehen, sich zu verlieben. Johns Entwicklungsarbeit bestand darin zu lernen, wie man in einer engen Beziehung lebt und liebt.

Simone war von ihrem Vater im Stich gelassen worden, weil dieser sich so sehr auf seine Arbeit konzentriert hatte, daß er nie Zeit für sie aufbringen konnte. Sie brachte ihre Zwanziger und Dreißiger damit zu, ganz in ihrem Beruf aufzugehen (und die Liebe ihres Vaters zu gewinnen, indem sie genau wie er wurde), so daß sie – wie sie mir anvertraute – sowieso keine Zeit für die Liebe gehabt hätte. Da sie ihre Firma mit 40 fest etabliert hatte und das Problem der Zurückweisung durch ihren Vater mehr oder weniger gelöst hatte, war sie bereit, sich zu verlieben und ein Baby zu bekommen. John und Simone waren beide davon überzeugt, daß sie sich keinen zweiten

Blick geschenkt hätten, wenn sie sich früher begegnet wären.

Wie diese Geschichte zeigt, wirken im Hintergrund einer jeden Beziehung immer unsichtbare Faktoren: zum Beispiel kleine Macken, die aufgegeben, oder Rätsel, die gelöst werden müssen. Sie können nicht wissen, welche Vorbereitungszeit Ihre Seele noch von Ihnen verlangt, bis Sie bereit für die Liebe sind. Sie können die Liebe nicht herbeizwingen, und wenn Sie der Weisheit Ihrer Seele vertrauen, werden Sie geduldig warten können (statt verzweifelt zu sein oder die Hoffnung aufzugeben), weil Sie wissen, daß der Mensch, den Sie lieben werden, auftauchen wird, wenn die Zeit reif für ihn ist.

Das Universum hält auch für Sie eine Überraschung bereit, selbst wenn Sie noch so viele Ängste haben, vor Ungeduld nicht mehr stillsitzen können und eine riesige Liste voller Wies, Wers und Wanns haben. Nur zwei Dinge sind immer erforderlich: Sie müssen erstens wirklich wissen, daß Sie geliebt werden möchten, und zweitens darauf vertrauen, daß Ihre Seele weiß, wann sie Ihnen die Liebe bringen soll. Dann wird alles vollkommen sein. Wenn schließlich der Mensch, den Sie lieben, in Ihr Leben tritt, wird er nicht nur eine weitere Naht im großen Muster Ihres Lebens sein, sondern der Faden, durch den Ihre beiden Leben zusammengenäht werden.

Schlüssel IV

Hingabe

Die Winde der Gnade wehen immer; es liegt aber an uns, die Segel zu setzen.

Ramakrishna

*H*ingabe gleicht einer anmutigen Bewegung, in die wir uns bereitwillig hineinfallen lassen, um dann festzustellen, daß wir von unvorstellbar starken Armen aufgefangen werden. Hingabe bedeutet loszulassen, ohne zu wissen, ob wir aufgefangen werden oder nicht. Hingabe ist Vertrauen hoch Hundert, weil wir – obwohl wir keine Vorstellung davon haben, wie alles ausgehen wird – in dem Glauben loslassen, daß selbst keine Lösung die perfekte Lösung sein wird.

Hingabe ist transparent und fließend, sie bedeutet das Ende jeglicher Starrheit, darunter der des Verstandes, die will, daß Dinge auf ganz bestimmte Weise verwirklicht werden, der des Herzens, die verhindert, daß es weich und offen sein kann, der des Körpers, die bewirkt, daß wir die heilende Berührung und die transformierende Kraft der Leidenschaft nicht zulassen können, der der Seele, die unseren Geist verstopft und verkleistert, bis er glaubt, er führe ein vom Körper und Verstand unabhängiges Leben.

Hingabe ist das Dahinschmelzen einer jeden Starrheit, die wir uns jemals aufgeladen haben, und ein bewußtes und unbewußtes Aufgeben des Gedankens, wir wüßten, wie die Dinge sein sollten, damit sie so werden können, wie sie tatsächlich sind. Wer sich hingibt, wird freudig überrascht feststellen, daß er in einem größeren

Bewußtsein schwimmt, das immer zu seinen Gunsten wirkt. So wie ein Kind, das schwimmen lernt, verblüfft merkt, daß es tatsächlich vom Wasser getragen wird, so trägt uns auch die Hingabe und unterstützt uns bei der Erfüllung unseres Schicksals.

Hingabe verlangt nach Reinheit unserer Absichten. Sie gewährt uns als Reaktion auf unser Loslassen absolute Freiheit, fordert aber von uns die totale Verpflichtung, sich an nichts festzuhalten. Woran Sie sich auch immer klammern mögen – an Vorstellungen, Erwartungen, Pläne, Hoffnungen –, Sie müssen sie alle völlig loslassen. Sich hinzugeben bedeutet nämlich, die Sicherheit gefälliger Kategorien zu verlassen und in das Niemandsland des Möglichen einzutreten.

Erst wenn wir uns hingeben und uns in die Leere fallen lassen, in die geheimnisvolle, unbekannte, mystische, formlose Zukunft, in die unsichtbaren Arme, sind wir wahrhaft bereit, alles zu empfangen. Hingabe bedeutet, sich ganz dem Universum preiszugeben und ohne jedes Streben oder Wollen darauf zu warten, daß etwas Vollkommenes geschieht.

9
Akzeptieren Sie
das Paradox der Liebe

Wahre Liebe ist ein Paradox, da alles, was man über sie sagen kann, gleichzeitig wahr und nicht wahr ist. Das gilt besonders für das Wesen der Liebe, da sie zugleich göttlich und höchst banal ist, uns unbegrenzte Freuden schenkt, aber auch ihre Grenzen hat, uns unseren Wunsch erfüllt, geliebt zu werden, sich aber unseren spezifischen Wünschen widersetzt oder sie gar völlig ignoriert.

Dieses Paradox drückt sich in der realen Welt so aus, daß wir, wenn wir etwas von der Liebe fordern, es niemals bekommen – oder es doch bekommen. Wenn Sie darauf bestehen, daß die Liebe zu einem bestimmten Zeitpunkt in einer bestimmten Verpackung zu Ihnen kommt, eine gewisse Zeit dauert, sich auf bestimmte Weise verhält, Sie auf genau die Art und Weise herausfordert, die Ihnen zusagt, finden Sie sie nie. Es ist aber andererseits ebenso möglich, daß Sie genau das bekommen, was Sie sich gewünscht haben.

Man weiß es einfach nicht. Das ist das Paradox der Liebe. Jemand sagte zu einer guten Freundin von mir, die nach dem Scheitern ihrer vierzehnjährigen Ehe völlig am Boden zerstört war: «Vielleicht kommt ja jetzt der Mann deiner Träume vorbei, mit dem du für immer glücklich sein wirst. Vielleicht wirst du aber auch ganz einfach für den Rest deines Lebens kreuzunglücklich sein.» Erstaunlicherweise fand sie sechs Monate später bereits den perfekten Mann, aber natürlich gibt es keine Garantien, daß so etwas tatsächlich passieren wird.

Das Paradox, das der wahren Liebe innewohnt, offenbart uns eine große Wahrheit, nämlich die, daß Liebe immer ein Geschenk ist. Wir können um sie bitten, für sie beten, Rituale abhalten und Zaubersprüche aufsagen, um sie in unser Leben zu rufen, oder wir können einfach darauf vertrauen, daß wir sie schon irgendwann finden werden. Aber letzten Endes wird sie erst dann kommen, wenn wir uns im großen Meer des Lebens treiben lassen, all unser Streben aufgeben und darauf vertrauen, daß uns das Wasser tragen wird. Das ist der Moment der Hingabe. Die Liebe kann kommen, wenn Sie sie sich wünschen, aber auch so lange auf sich warten lassen, daß Sie bereits aufgegeben haben und nicht einmal mehr wissen, ob Sie sie überhaupt noch wollen. Man kann es einfach nicht wissen.

Liebe kann wie ein Weihnachtsgeschenk genau das sein, was wir uns erhofft haben, aber auch etwas, das wir uns weder vorgestellt noch erträumt haben. Wenn es um Liebe geht, sollten Sie sie immer in der Form akzeptieren, in der sie zu

Ihnen kommt, selbst wenn sie nicht so ist, wie Sie sie sich vorgestellt haben.

Wenn die Liebe kommt – ganz gleich wie gut oder wie unvollkommen sie auch sein mag – passiert etwas ganz Wunderbares: Sie übernimmt die Kontrolle. Ihnen bleibt dann gar nichts anderes übrig, als vor Freude in die Luft zu springen, mit den Armen zu wedeln und zu rufen: «Ich bin verliebt! Das ist ja nicht zu glauben, ich habe tatsächlich die Liebe meines Lebens gefunden!»

Tun Sie gleichzeitig alles und nichts

Weil die Liebe paradox ist, werden Sie niemals einen Partner finden können, solange Sie nach ihm suchen. Aber dennoch müssen Sie darum bitten, darauf hoffen, es wollen, sich darauf vorbereiten und sich in einem Zustand totaler Vorfreude auf den Menschen Ihrer Träume befinden. Sie müssen Ihre Bettwäsche wechseln, neue Kleider kaufen und sich eine tolle Frisur machen lassen – und Sie müssen allein zu Hause sitzen und Mozart oder Peter Gabriel hören und sich die Fingernägel feilen. Sie müssen in der unerschütterlichen Überzeugung handeln, daß die Liebe kommen wird, und gleichzeitig ohne Wenn und Aber akzeptieren, daß die Welt nicht untergehen wird, falls es doch nicht passieren sollte.

Deshalb müssen Sie sich hingeben. Denn nur dann sind Sie so offen, daß etwas derart Unkontrollierbares wie die Liebe in Ihr Leben treten kann. Wenn Sie nur daran denken können, alles unter Kontrolle zu haben, wird die Liebe nur in der Form zu Ihnen kommen, die Sie sich vorstellen können. Aber wenn Sie andererseits gar nichts tun und sich nur in Ihrem Schlafzimmer verkriechen, sind Sie überhaupt nicht offen für die Möglichkeit der Liebe. Deshalb müssen Sie beides tun.

Wenn wir das Paradox der Liebe akzeptieren, lernen wir, auf allen Ebenen zu vertrauen. Auf der spirituellen Ebene verlassen wir uns darauf, daß die Mächte des Universums auf unserer Seite sind. Auf der emotionalen Ebene – auf der wir wollen, wünschen, uns sehnen und schmollen – geben wir ebenso alle Kontrolle auf wie auf der geistigen – auf der wir planen, Ränke schmieden und analysieren. Sie sagen daher nicht: «Ich bin so clever, daß ich herausgefunden habe, welche Art von Mensch perfekt für mich wäre. Der soll gefälligst nächste Woche aufkreuzen, sonst…!» Statt dessen sagen Sie: «Ich gebe meine Erwartung auf. Ich lasse das los, was ich will, was meine Eltern für mich wollen, was die Heiratsvermittlung will. Statt dessen lasse ich mich einfach treiben. Ich werde mich nicht nur mit der Strömung treiben lassen, ich werde selbst zur Strömung werden, und auf diesem gewünschten Fluß kann die Liebe meines Lebens schwimmen.»

Seien Sie sich bewußt,
daß es lange dauern und doch
jeden Moment passieren kann

Ein anderes Paradox betrifft das Timing. So kann die Liebe lange auf sich warten lassen oder überraschend schnell eintreffen; sie wird kommen, wenn Sie schon nicht mehr daran glauben, und eher, als Sie es sich vorstellen können. Manchmal scheint sie schneller als ein Rennpferd zu laufen, dann aber wieder langsamer als Honig im Januar zu fließen. Sie müssen einfach bereit sein, sie so oder so anzunehmen und sie willkommen zu heißen, wann immer sie kommt. Da Sie nicht wissen können, wann die Liebe da sein wird – ganz gleich wie sorgfältig Sie Ihren Plan ausführen –, können Sie nichts erwarten, sollten aber gerüstet sein. Sie sollten das Futter in das magische Vogelhäuschen tun, auch wenn Sie nicht wissen, ob der Vogel Ihrer Sehnsucht schon morgen früh auftauchen oder nicht zu Ihnen kommen wird, solange Sie leben.

Diese Kombination aus Vorbereitung und Hingabe bildet das spirituelle Gefüge, in dem die Liebe zu Ihnen kommen kann. Es setzt eine geistige Einstellung voraus, sich angesichts dieses Paradoxes wohl zu fühlen, denn es ist wirklich unglaublich schwierig zu sagen: «So, nun habe ich alles Menschenmögliche getan, nun lasse ich los!», nachdem Sie sich so angestrengt haben und den obligatorischen Urlaub im Club Méditerranée, jede Menge Rendezvous mit Unbekannten, politische Parties, Gebete, Rituale, Weinkrämpfe und Wutausbrüche hinter sich haben. Nur Ihre Seele ist in der Lage, wirklich loszulassen.

Aber ganz gleich wie schwierig es auch sein mag, Sie *müssen* loslassen! Darin liegt der Akt der Hingabe. Und erst wenn Sie loslassen, wird jemand in Ihr Leben treten. Nur wenn Sie aufhören, ständig auf die Uhr zu schauen, wird das Essen gar, werden die Eier hart und wird die Liebe Ihres Lebens auftauchen. Meine Freundin, die ihre große Liebe schon sechs Monate nach ihrer Scheidung kennenlernte, hatte aufgegeben und sich dem, was geschehen sollte, hingegeben (selbst wenn das bedeutet hätte, daß gar nichts passieren würde). Daher war sie für den Mann, der erschien, absolut verfügbar. Er war Künstler und sanftmütig, genau die Art Mann, die sie vorher nie als möglichen Partner in Betracht gezogen hätte.

Der Preis der Liebe

Liebe ist ein frei gewährtes Geschenk der Götter, aber sie hat dennoch ihren Preis. Tatsächlich entspricht der Wert einer Liebe genau dem, was Sie dafür bezahlt haben. Wenn Sie sich verliebt haben und vor Freude ganz verrückt sind, liegt das an Ihren vorangegangenen Entscheidungen und daran, was Sie bereits alles dafür aufgegeben haben.

Ich habe Ihnen im Laufe dieses Buches zu vermitteln versucht, daß der Preis der Liebe in den Lektionen und Erfahrungen aus allen vergangenen Beziehungen besteht, ganz gleich ob es sich dabei um die kindliche Liebe Ihrer frühen Jahre, die erste Verliebtheit als Teenager, eine lang andauernde Liebesbeziehung, die Sie irgendwie nie so richtig befriedigt hat, oder um eine kostbare Liebe handelte, die Ihnen viel zu früh genommen wurde.

Wie ich gezeigt habe, ist die Liebe, die Sie jetzt brauchen, auf ganz profunde Weise der Höhepunkt aller Liebesbeziehungen, die Sie bereits eingegangen sind – die großen und die kleinen, zarten Beziehungen, die romantischen Inselflirts und die langen anstrengenden Bindungen –, gleich ob diese Sie erfüllt oder Ihre Kräfte aufgezehrt haben.

Aufgrund der Lebensphasen, in denen Ihr Herz gebrochen wurde, in denen Sie sich gestritten haben, in denen Sie ermüdende Gespräche geführt haben, in denen Sie gelernt haben, Ihre Gefühle auszudrücken, in denen Sie schwierige Entscheidungen treffen mußten – arbeiten, spielen, wachsen, verändern, aufgeben – sind Sie überhaupt an diesem Punkt angekommen, an dem Sie bereit für die Liebe sind. Alles, was Sie bisher getan und durchgemacht haben, hat Sie dazu geführt, offen, bereit, empfänglich und mutig genug zu sein, sich in diesem Augenblick zu verlieben.

Liebe hat immer ihren Preis, ganz gleich worin er bestehen mag, und die Höhe des Preises zeigt den wahren Wert der Liebe. Das ist eigentlich eine wunderschöne Sache, denn wenn Sie sehen, was Sie tatsächlich für die Liebe, die in Ihr Leben tritt, bezahlt haben, sehen Sie plötzlich auch, wie unglaublich kostbar sie ist. Wenn Sie sich verlieben, sind Sie so vom Ansturm der vielen positiven Gefühle überwältigt, daß Sie gar nicht daran denken, was Sie alles getan und durchgemacht haben, um an diesen Punkt zu gelangen. Schließlich sagen Sie ja nicht: «Du meine Güte, schau dir bloß mal an, wie sehr ich wachsen und mich ändern mußte, um diesen Menschen zu lieben. Schau dir bloß mal all die Seminare an, die ich mitgemacht habe, die Beziehungen, die ich hinter mir habe und all die Verhaltensweisen, die ich geändert habe!» Auch wenn Sie verliebt sind und der Preis im Augenblick für Sie nicht zu erkennen ist, sollten Sie doch daran denken, daß alles, was Sie bisher getan haben, Sie zu diesem Punkt geführt hat. Dann werden Sie auch den wahren Wert Ihrer Liebe erkennen können.

Es gibt auch einen unmittelbaren Preis, der bezahlt werden muß. Wenn Sie die Liebe Ihres Lebens gefunden haben, werden Sie sich beispielsweise von zehn anderen potentiellen Partnern verabschieden oder zu Ihren Kindern sagen müssen: «Ich lese euch die Gutenachtgeschichte heute ein bißchen früher vor, weil ich ausgehen möchte» oder «Ich werde am Wochenende nicht da sein.» Möglicherweise werden Sie Ihren Eltern erklären müssen, daß Sie in eine andere Stadt ziehen, weil Ihre große Liebe, ohne die Sie nicht mehr leben können, dort wohnt. Für die Liebe müssen Sie vielleicht Ihren Job, Ihre Wohnung, Ihr Haustier oder Ihre Kollegen aufgeben. Sie werden sich unter Umständen von Freunden trennen müssen, die mit Ihrer neuen Beziehung nicht einverstanden sind oder von Eltern, die Ihre Entscheidung nicht unterstützen.

Ein Mann lernte auf dem Weg vom Pariser Flughafen in die Stadt im Bus eine wunderschöne Frau kennen. Sie saßen nebeneinander und unterhielten sich leise, erzählten sich gegenseitig Geschichten aus ihrem Leben, und da sie sich zueinander hingezogen fühlten, gaben sie einander die Telefonnummern und Adressen, unter denen sie in Paris zu erreichen waren. Der Bus kam am Bestimmungsort des Mannes an, er stieg aus, stellte seine Tasche auf den Boden, winkte und warf der Frau, die ihn so verzaubert hatte, einen Kuß zu. In diesem Augenblick schnappte sich ein Dieb seine Tasche und verschwand damit in der Schwärze der Nacht. Nun stand der Mann mit leeren Händen auf dem Bürgersteig und hatte nicht einmal mehr den Fetzen Papier, auf dem er sich die Telefonnummer der Frau notiert hatte.

Drei Tage vergingen, und die Frau hatte natürlich nichts von ihm gehört. Sie dachte, er habe sie wahrscheinlich vergessen, oder ihre Begegnung sei für ihn vielleicht doch nicht so speziell gewesen, wie sie geglaubt hatte. Aber da sie eine Verbindung zu ihm spürte und er ihr ja auch seine Nummer gegeben hatte, beschloß sie, über ihren Schatten zu springen und ihn anzurufen. Er war ganz aus dem Häuschen, als sie ihn anrief, und erzählte ihr, daß ihm seine Reisetasche mit seinen Brillen, seinem Fotoapparat, seinen Schecks und dem Retourticket, all seinen Kleidern, außer denen, die er am Leibe trug, und dem Zettel mit ihrer Telefonnummer gestohlen worden war. Zum Schluß sagte er: «Gemessen an dem, was ich für Sie bezahlt habe, müssen Sie einfach die große Liebe meines Lebens sein.»

Meistens ist das, was wir für eine bestimmte Beziehung bezahlen, nicht so deutlich sichtbar oder so romantisch zauberhaft wie in dieser Geschichte, aber auf die eine oder andere Weise bezahlen wir alle, wenn die Liebe in unser Leben tritt. Wir bezahlen durch die Partner, die wir verlassen mußten, weil sie nicht zu uns paßten, und durch den Schmerz, den das Ende jeder Beziehung mit sich bringt; wir zahlen, weil wir Gewohnheiten und Süchte aufgeben und gesünder leben müssen, weil wir gegen den Wunsch unserer Eltern ausziehen, um mit unseren Freunden allein sein zu können, oder weil wir uns über Jahre hinweg vor Sehnsucht die Augen ausweinen. Der Preis der Liebe besteht immer in dem, was Sie getan haben, um sich auf die große Liebe vorzubereiten.

Wenn Sie sich jetzt auf eine neue Liebe freuen, sollten Sie sich darüber im klaren sein, daß Sie wieder einen Preis werden zahlen müssen. Wenn Sie jetzt daran denken, daß Sie wahrscheinlich Ihr Haus oder Ihre Wohnung aufgeben oder die Wut Ihrer Kinder ertragen müssen, während diese sich widerwillig an Ihren neuen Partner gewöhnen, oder daß Sie das Unverständnis Ihrer Eltern oder Geschwister aushalten müssen, bedenken Sie auch, daß diese Dinge nicht nur ärgerlich und möglicherweise sogar äußerst unangenehm, sondern auch ein Hinweis darauf sind, wie wertvoll Ihnen die Liebe ist, für die Sie sich entschieden haben.

Die Liebe kommt unerwartet und ist doch vorbereitet

Ein weiteres großes Paradox der Liebe besteht darin, daß sie einfach so vom Himmel fällt und daß plötzlich der Mensch, nach dem Sie sich gesehnt haben, vor Ihnen steht, daß die Liebe aber andererseits nie unerwartet kommt. Sie fällt deshalb nicht einfach so vom Himmel, weil im Hintergrund einer jeden glücklichen Beziehung immer Intention und Gelegenheit zusammentreffen.

Es existieren immer eine ganze Reihe von Umständen und zufälligen Gegebenheiten, durch die die Liebe in Bewegung gesetzt wird, über die die Liebenden aber keine Kontrolle haben: So gehen Sie auf eine Party, weil Ihr Flug annulliert wurde, und Ihre zukünftige Partnerin ist nur an diesem Tag da, weil sie gerade ihre Schwester besucht. Sie fahren drei Stunden, um an einer Podiumsdiskussion teilzunehmen, die wahrscheinlich sterbenslangweilig sein wird, und treffen den Mann Ihrer Träume, der vom anderen Ende des Landes hierher geflogen ist. Sie sind gerade im Gerichtsgebäude, um sich scheiden zu lassen, und stolpern in die Arme eines Rechtsanwalts, der zwei Jahre später Ihr zweiter Ehemann werden wird.

Die Liebe ähnelt einer Perlenkette, auf der Erfahrungen eine nach der anderen aufgezogen werden, bis daraus das wunderschöne Stück wird, mit dem Sie sich schmücken können. In diesem Sinne fällt Liebe niemals vom Himmel. Jedes Ereignis und jeder Mensch führen zum nächsten, und das Ganze könnte ohne seine Teile nicht existieren.

Um dieses Paradox besser verstehen zu können, ist es hilfreich, sich den Stammbaum Ihrer

Beziehungen anzusehen. Wenn ich mir zum Beispiel die Menschen anschaue, die mir lieb und
teuer sind, und ich mich frage, auf welche Weise
sie in mein Leben gekommen sind, entdecke ich
immer wieder interessante Verbindungen, manchmal sogar ganze Generationen von Verbindungen.
So wurde mir zum Beispiel mein Freund Paul von
meiner Freundin Sherry vorgestellt, die mit ihm
in einer Zeitschriftenredaktion arbeitet. Er hatte
eines meiner Bücher gelesen und sie darauf angesprochen, woraufhin sie Freunde wurden. Drei
Jahre später gab meine Freundin Suzanne eine
Geburtstagsparty für ihre Freundin Jane und lud
auch mich ein. Ich hatte keine Ahnung, daß Suzanne Sherry schon seit zwölf Jahren kannte und
sie ebenfalls eingeladen hatte. Sherry wollte nicht
allein gehen und bat Paul mitzukommen. So begegneten wir uns. Paul kannte meinen Freund
Hal, einen Fotografen, der mit ihm einmal an
einem Artikel gearbeitet hatte. So hatten wir nicht
nur gleich zwei gemeinsame Freunde, sondern
auch mehrere gemeinsame Interessengebiete, auf
denen unsere Freundschaft aufbauen konnte.

Jeder von uns kennt ähnliche Geschichten, aus
denen klar wird, wie jede Erfahrung auf einer
vorangegangenen aufbaut. Der Mann, den Sie lieben, mag Ihnen durch einen gemeinsamen Bekannten vorgestellt worden oder Ihnen auf einem
Seminar begegnet sein. Oder Sie fahren jahrelang

mit der Frau, die Sie später lieben werden, im selben Bus, bis Sie sich endlich einmal unterhalten. Vielleicht ist der Mann Ihrer Träume auch schon 56 mal vor Ihrem Büro auf und ab gelaufen, und Sie machen irgendwann einen Witz, über den er lacht. Oder sie wartet vor Ihnen an einer Telefonzelle auf dem Flughafen und bietet Ihnen einen Job an; vielleicht ist sie die beste Freundin Ihres jüngeren Bruders.

Eine meiner Freundinnen ging vor einigen Jahren auf eine Party und sah dort einen sehr gutaussehenden Mann. Da sie zu dieser Zeit in festen Händen war, fiel ihr einfach nur auf, daß er der attraktivste Mann war, den sie seit Jahren gesehen hatte. Drei Jahre später – ihre Beziehung war inzwischen beendet – wurde sie diesem Mann eines Tages im Büro vorgestellt. Er hatte gerade in einem auf demselben Flur gelegenen Büro angefangen und wurde mit den anderen Mitarbeitern bekannt gemacht. «Ich konnte nicht glauben, daß er es wirklich war», sagte sie. «Als ich ihm erzählte, daß ich ihn damals auf der Party gesehen hatte, meinte er, er wäre damals so sehr mit jemand anderem beschäftigt gewesen, daß er mir nicht aufgefallen wäre. Als ich daraufhin schluckte, fügte er hinzu: ‹Keine Sorge, es war eine furchtbare Geschichte, die schlimmste Beziehung meines Lebens.›» Da sich die beiden so plötzlich in unmittelbarer Nähe befanden und beide frei waren, begannen sie eine leidenschaftliche Beziehung und sind nun bereits seit zwei Jahren zusammen.

So fällt Liebe zwar einerseits vom Himmel, aber andererseits eben doch nicht. Die tatsächliche Begegnung ist Teil des komplizierten, spiralförmigen Musters der Menschen und Ereignisse, die ständig Ihr Leben durchziehen. Der Mensch, der in Ihr Leben tritt, um Sie zu lieben, hat einen ebenso weiten Weg zurückgelegt wie Sie, er hatte ebenso viele wunderbare und furchtbare Erlebnisse wie Sie selbst. Wie Sie mußte er sich durch Sümpfe und Dornenbüsche kämpfen, mal Sandalen und mal Kampfstiefel tragen und die Hilfe der Engel in Anspruch nehmen. Im Augenblick Ihres Zusammentreffens mag es Ihnen tatsächlich so scheinen, als ob er wie aus heiterem Himmel auftaucht, aber in Wahrheit hat er schon immer durch alles zu Ihnen gesprochen. Geben Sie sich dieser Wahrheit hin, vertrauen Sie darauf, daß sie Wirklichkeit wird, und warten Sie bereitwillig, bis es soweit ist.

Die Liebe ist endlos weit weg,
doch direkt vor Ihrer Nase

Liebe ist der Gast, der von allen erwartet wird und dann ganz unverhofft eintrifft; Liebe ist der Mensch, auf den Sie warten und mit dem Sie eigentlich schon nicht mehr rechnen. Liebe kommt in Gestalt der Frau, die jahrelang Ihre beste Freundin und so sehr Teil Ihres Lebens war, daß Sie sie nicht als die Frau erkennen konnten, in die Sie sich verlieben würden. Liebe begegnet Ihnen in der Gestalt des Mannes, der zu Ihnen kam, um Ihnen von seinen Problemen mit seiner Scheidung zu erzählen, und dem Sie eigentlich nur helfen wollten, sich dabei aber in ihn verliebten. Liebe ist der Gast, der zwar eingeladen wurde, mit dem aber nicht gerechnet wird. Er kommt, weil Sie seit ewigen Zeiten darum gebeten haben, und aus demselben Grund kommt er zu spät.

Die Liebe ist gleichzeitig ein Wunder, ein Zufall und die Nadel im Heuhaufen, die Sie unvermeidbar finden werden. Wenn Sie sich verliebt haben, scheint dies die einfachste Sache der Welt zu sein, und Sie fragen sich oft, warum Sie es nicht schon lange vorher getan haben. Aber wenn Sie darauf warten, sich zu verlieben, scheint dies die schwerste Sache der Welt zu sein, und Sie sind überzeugt, daß sie Ihnen gewiß niemals widerfahren wird.

Lassen Sie sich von den paradoxen Eigenschaften der Liebe nicht entmutigen oder verwirren. Sie sind Streiche, die Ihnen das Universum mit seinem verrückten Sinn für Humor spielt, um Sie daran zu erinnern, daß sich nicht alles unter Ihrer Kontrolle befindet. Aber wenn Sie einen festen

Glauben, Intention und Vertrauen haben und sich wirklich hingeben, wird die Liebe auf magische Weise zu Ihnen kommen.

Zu den besten Dingen, die Sie tun können, um die Liebe in Ihr Leben zu holen, gehören Loslassen, Nachgeben und herzhaftes Lachen über das verwirrende Paradox der Liebe. Denken Sie immer daran, daß die Liebe genauso nach Ihnen sucht wie Sie nach ihr, und daß der Mensch, der Sie lieben wird, sich genauso nach Ihnen sehnt wie Sie sich nach ihm. Sie brauchen sich daher nur ganz der Liebe hingeben.

10

Geben Sie
Ihre vorgefaßte Meinung auf

Da stehen Sie nun an dem emotionalen Abfahrts-
ort, an dem Sie in den Bus, den Zug, das Flugzeug
oder den Heißluftballon einsteigen werden, der
Sie zur großen Liebe Ihres Lebens bringen soll,
und haben Ihren Koffer wahrscheinlich mit vorgefaßten Meinungen darüber vollgepackt, als was
sich der Mensch entpuppen soll, der Ihre wahre
Liebe ist. Das ist ganz wunderbar, denn nun haben
Sie Ihre Absicht auf ein Ziel gerichtet und sind
sich über manche Ihrer Vorlieben klar geworden.
In den vergangenen Kapiteln habe ich Sie ja dazu
aufgefordert und Ihnen dabei geholfen, diese Gedanken zu formulieren. In diesem Kapitel bitte
ich Sie nun aber, alle vorgefaßten Meinungen aufzugeben und sich im freien Fall in die Liebe
hineinzustürzen.

Wenn Sie Ihre vorgefaßten Meinungen aufgeben, begegnet Ihnen ein wahrhaft erstaunliches
Paradox der Liebe. Einerseits müssen Sie sich –
wie ich Ihnen in den Kapiteln zuvor erklärt habe
– auf Ihre Wünsche und Bedürfnisse konzentrieren, spezifisch und mutig sein, herausfinden, was
Sie genau brauchen und darum bitten. Andererseits müssen Sie all das aufgeben und bereit sein,

Ihre Erwartungen über Bord zu werfen, wenn die Liebe in einer ihrer überraschenden, unerwarteten Formen daherkommt und Sie glatt vom Stuhl haut. Die Liebe hat ihr eigenes Herz und ihren eigenen Willen, und erst wenn Sie den Berg vorgefaßter Meinungen hinter sich gelassen haben, kann die Liebe zu dem wunderbaren Geschenk werden, das sie in Wirklichkeit ist.

Ich möchte das anhand einer Geschichte verdeutlichen: Stephanie war geschieden, hatte eine schreckliche zehnjährige Ehe hinter sich, arbeitete schwer und zog ihre beiden Kinder allein groß. Nach ihrer Arbeit bei einem Rechtsanwalt kam sie jeden Tag nach Hause und schleppte die schweren Einkaufstaschen die Treppe hoch zu ihrer Wohnung im ersten Stock. Woche um Woche kochte sie ihren Kindern das Essen, las ihnen Gutenachtgeschichten vor und hatte danach noch ein wenig Zeit übrig, um das zu tun, was sie am liebsten tat, wenn sie allein war: lesen und schreiben.

Als Stephanie eines Tages wieder einmal mit zwei Einkaufstaschen beladen nach Hause kam, lief ihr ein gutaussehender junger Mann über den Weg, der sich anbot, ihre Einkäufe nach oben zu tragen. Sie lehnte sein Angebot ab, dachte aber später: «Was für eine netter Mann. Es wäre doch zu schön, wenn ich jemanden wie ihn finden könnte – nur zehn Jahre älter. Er scheint so offen und gutherzig zu sein. Schade, daß er so jung ist.»

Es vergingen mehrere Monate, in denen sie ihm immer wieder begegnete. Eines Tages, als sie merkte, daß sie wieder sagte: «Ich wünschte mir, ich würde einen Mann wie ihn in meinem Alter finden», flüsterte eine kleine Stimme in ihr zu ihrem Erstaunen und anfänglichen Entsetzen: «Ich will nicht einfach jemand wie ihn. Ich will ihn!» In diesem Augenblick gab sie ihre vorgefaßte Meinung auf, daß der Mann, in den sie sich verlieben würde, in ihrem Alter sein müßte, und beschloß, ihn das nächste Mal, wenn sie ihn sah, anzusprechen. Daraufhin grüßten sie sich zum ersten Mal. Nach vielen weiteren solcher Begegnungen verliebten sie sich tatsächlich ineinander und sind heute bereits seit 15 Jahren glücklich miteinander verheiratet.

Vorgefaßte Meinungen ähneln Muscheln, die sich im Laufe der Jahre am Kiel eines Schiffes angesammelt haben. Sie sind nichts Schlimmes, sie müssen nur abgekratzt werden. Wir alle haben Idealvorstellungen von unserem möglichen Partner. Werden wir dazu gezwungen, geben wir vielleicht einige davon auf und kratzen eine oder zwei Schichten ab, aber oft wird ein Vorurteil nur durch andere ersetzt, die dann wiederum aufgegeben werden müssen.

Ganz gleich, wer Ihre große Liebe sein wird, es

wird immer wieder erforderlich sein, die Vorstellung aufzugeben, Sie wüßten, wie sie sein sollte, damit Sie sie so annehmen können, wie sie wirklich ist. Wir glauben oft, wir könnten uns unseren idealen Partner vorstellen oder ihn sogar in einer Vision sehen, aber das Schicksal hat meistens eine andere Version für uns reserviert. Sie müssen alle Ihre vorgefaßten Meinungen aufgeben und es dem Schicksal erlauben, seinen unerwarteten Lauf zu nehmen, so wie es die Frau tat, die dachte, sie sei zu alt für den Mann auf der Treppe.

Wenn ich davon spreche, vorgefaßte Meinungen aufzugeben, meine ich damit nicht Ihre C.S.Q.N., die das repräsentiert, was Sie in einer Beziehung absolut brauchen. Ich beziehe mich eher auf all die Vorlieben und Eigenschaften, die Sie auf Ihren Wunschzettel geschrieben haben und auf die vielfältigen Hoffnungen, Träume und Erwartungen, die Sie unbewußt hegen und die sich erst dann als falsch herausstellen, wenn Sie sich plötzlich in einen Menschen verlieben, der Ihren Erwartungen überhaupt nicht entspricht.

Ich höre gerne Radiomoderatoren zu, weil mich ihre Stimmen verzaubern. Aber wenn ich dann dem Menschen hinter der Stimme begegne, bin ich immer wieder überrascht. Erst dann wird mir klar, daß ich einen ganzen Menschen erfunden habe, der zu der Stimme paßt. Wenn dann der wahre Moderator vor mir steht, denke ich immer:

«Was mache ich denn bloß jetzt mit der Person, die ich mir ausgedacht habe?»

Dies soll ein Beispiel dafür sein, auf welche Weise bestimmte äußere Reize ohne unser Wissen dafür sorgen, daß wir Vorurteile gegenüber anderen Menschen haben. So hören wir vielleicht etwas über jemanden, zum Beispiel, daß er Millionär oder daß sie eine ganz wunderbare Mutter ist, und bauen uns auf dieser einen Tatsache ein ganzes Universum auf. Wenn wir solche emotional stark besetzten Informationen bekommen, können wir sie entweder aufgrund bereits bestehender Vorurteile ignorieren oder eine ganze Phantasiewelt um sie herum errichten: «Da er Millionär ist, kann er sicher keine Gefühle haben. Deshalb will ich ihn lieber gar nicht erst kennenlernen.» «Sie ist eine so tolle Mutter, da wird sie mich wohl auch so lieben.» Oder aber: «Sie ist eine so tolle Mutter, daß sie für mich wahrscheinlich überhaupt keine Zeit übrig hat.» Der einen Tatsache, die wir kennen, fügen wir so eine Vielzahl von Vorurteilen, Hoffnungen und Träumen hinzu.

In Liebesdingen hat jeder von uns einen ganzen Berg vorgefaßter Meinungen, von denen uns einige bewußt sind und uns andere, wie das Beispiel mit den Radiomoderatoren zeigt, völlig verborgen bleiben, bis wir die Möglichkeit bekommen, sie uns ganz genau bei Tageslicht anzuschauen.

Wenn Ihnen zum Beispiel der Mann, mit dem Sie ausgehen, erzählt, er habe vier Hunde, die neben seinem Bett auf dem Boden schlafen, und Sie eine Frau sind, die es liebt, auf weißen Federbetten im Himmelbett zu schlafen, wird Ihre Voreingenommenheit, daß dieser Mann nicht zu Ihnen paßt, auf Höchsttouren anlaufen. Wahrscheinlich werden Sie sagen: «Eine Beziehung zu diesem Mann kann niemals klappen», und entdecken so Ihre Abneigung gegen Hunde in größerer Anzahl. Dieser Mann mag tatsächlich nicht der Richtige für Sie sein, aber sollten Sie sich wirklich von ein paar Hunden davon abhalten lassen, herauszufinden, ob er nicht doch Ihre große Liebe ist?

Wir alle richten uns geistige Schubladen mit akzeptablen und inakzeptablen Eigenschaften ein und wenden diese Verallgemeinerungen dann auf bestimmte Individuen an. Wir benutzen diese Voreingenommenheit als Grund, um jemanden abzulehnen – besonders dann, wenn wir schon eine fehlgeschlagene Beziehung mit jemandem hatten, der auch in diese «verseuchte» Kategorie fiel. Wir glauben, wir könnten verhindern, daß uns wieder etwas Schlechtes widerfährt, wenn wir die «Schandflecken» von vornherein entfernen. Beispiel: «Da seine Mutter in derselben Stadt lebt, werde ich wohl Tag und Nacht mit ihr zu tun haben müssen, aber ich will auf keinen Fall eine neue Schwiegermutter.» Oder: «Sie hat gerade ihr

Studium abgeschlossen und hat 30 000 Mark Bafög zurückzuzahlen. Ich werde mich aber nie wieder mit einer Frau einlassen, die finanzielle Probleme hat.»

Ich habe gehört, wie Menschen derartige Aussagen getroffen haben, um auf diese Weise jemanden abzulehnen, der ein sehr guter Partner hätte sein können. Aussagen wie diese repräsentieren den Wunsch eines Menschen, die Form und das Wesen seiner Liebesbeziehung zu kontrollieren. Aber die Liebe führt nicht nur ein Eigenleben, sondern hat auch einen eigenen Willen.

Gerade wenn Sie sich zu sehr mit Ihrer Voreingenommenheit identifiziert und sie zur absoluten Wahrheit erhoben haben, beschenkt Sie der Kosmos oft mit einer Überraschung: Der Mann, der an Ihrer Tür klingelt, mag zwar nicht gerade der intellektuelle Gigant sein, den Sie unbedingt haben wollten, besitzt dafür aber das größte Herz, das Sie jemals kennengelernt haben. Nachdem Sie jahrelang betont haben, daß Sie sich niemals mit jemandem einlassen würden, der geschieden ist, verlieben Sie sich ausgerechnet in eine Frau, die bereits dreimal verheiratet war. In Zeiten wie diesen sind wir aufgefordert, unsere Vorstellung davon, wie die Dinge sein sollten, über Bord zu werfen und uns ganz dem Mysterium der Liebe hinzugeben.

Der Mensch, in den wir uns dann tatsächlich

verlieben, offenbart uns, wie begrenzt unsere Denkweise war und wie unberechenbar das Universum sein kann, wenn es für uns in der großen Ehevermittlung über den Wolken einen Partner aussucht. In gewissem Sinne sind unsere Vorurteile Ausdruck der Teile des Egos, die noch darauf warten, vom Mysterium der Liebe zerfetzt zu werden, damit wir zu den höheren spirituellen Wesen werden können, die wir werden wollen. Wenn wir unser Ego aufgeben und uns ganz dem Mysterium des Lebens hingeben, werden wir die gewaltige Macht der Liebe erkennen und verstehen lernen, auf welche Weise unsere Seele immer in unserem besten Interesse agiert.

Es mag beispielsweise sein, daß Sie sich nicht in jemanden verlieben möchten, der raucht, weil Ihre Mutter 43 Jahre lang Kettenraucherin war und an Lungenkrebs gestorben ist – eine ziemlich vernünftige Idee. Selbst wenn Ihr Traummann Ihnen hoch und heilig schwört, daß er das Rauchen aufgeben wird, werden Sie starke Widerstände haben – und das aus gutem Grund –, diesen mühsamen Weg noch einmal zu gehen, so daß Sie die Möglichkeit einer wunderbaren Beziehung von vornherein ausschließen.

Obwohl sich manche Menschen nie ändern (schließlich kennen wir alle das Problem der Selbsttäuschung), verursacht die Liebe oft an Wunder grenzende Veränderungen. Vielleicht kann gerade in der Gegenwart eines Menschen, der sein Suchtverhalten überwindet, die schmerzende Wunde aus der Beziehung zu Ihrer Mutter geheilt werden. Und gleichzeitig mag Ihre liebevolle Hilfe genau das sein, was er braucht, um die Höllenqualen des Entzugs zu überstehen und ihm die Tür zu einem neuen Leben zu öffnen. Weil es in Liebesdingen auf der Seelenebene immer um Evolution geht – und damit auch um Wunder –, fordert die Liebe von uns manchmal, daß wir unsere Vorurteile aufgeben, damit wir Schöpfer und Teilhaber möglicher Transformationen sein können.

Wahrscheinlich werden Sie jetzt sagen: «Augenblick mal, erst wollen Sie, daß ich all diese Arbeit mit der Intention leiste und einen Wunschzettel der Liebe aufschreibe, und nun wollen Sie, daß ich das alles wieder wegschmeiße? Was denn nun?»

Ob Sie es glauben oder nicht, widerspricht sich das, was ich bisher gesagt habe, nicht. Intention heißt, dem Universum mitzuteilen, daß Sie sich überhaupt etwas wünschen. Ihr Wunschzettel bedeutet, genau auszudrücken, was Sie wollen, und sich darauf zu konzentrieren. Auf diese Weise schicken Sie eine Einladung an die Liebe ab. Vorgefaßte Meinungen bedeuten aber, daß Sie sich nicht hingeben wollen und kein Vertrauen haben, daß Sie die Zügel nicht aus der Hand geben wollen, sondern sich irgendwo in Ihrem Innern bereits unwiderruflich festgelegt haben, auf welche Weise Ihre Absicht und Ihr Wunschzettel erfüllt werden sollen. Aber das liegt eben nicht in Ihren Händen. Auf welche Weise Ihre Wünsche erfüllt werden und wie sich Ihre Intention verwirklicht, liegt in den Händen der Götter. Und hier beginnt die Hingabe. Nachdem Sie ausgedrückt haben, was Sie brauchen, müssen Sie Ihre Erwartungen aufgeben und das Wunder geschehen lassen.

Worin bestehen Ihre vorgefaßten Meinungen?

Jeder von uns hat eine lange Liste, auf der all die Dinge stehen, die wir von der Liebe erwarten. Dabei sind einige von uns maßloser als andere. Ich erinnere mich – etwas belustigt – an eine sehr leidenschaftliche junge Frau, die eine ganze Reihe emotionaler Probleme hatte. Eines Tages verkündete sie: «Ich werde mich ganz gewiß nicht in jemanden verlieben, der noch emotionales Gepäck mit sich herumschleppt. Ich versuche immer noch, damit fertig zu werden, daß mein Vater einfach tot umfiel, als ich 16 war, und es mir überließ, meine sechs Geschwister großzuziehen, während sich meine Mutter zu Tode soff.»

Die junge Frau hatte ganz offensichtlich ihre eigene Ladung emotionalen Gepäcks mit sich herumzuschleppen, ging aber dennoch von der falschen Vorstellung aus, daß es irgendwo auf diesem Planeten einen Menschen geben könnte, der keines hatte, und wollte tatsächlich warten, bis dieser auftauchte.

Wir alle tragen emotionales Gepäck mit uns herum. Einige von uns haben kleine Taschen, andere hingegen Überseekoffer, aber jeder von uns trägt sein Päckchen. Wenn Sie allen Ernstes glauben, es gäbe tatsächlich einen Menschen, der keines hat, werden Sie mit Sicherheit viele einsame Abende damit zubringen, auf den Fernsehbildschirm zu starren.

Dies gilt auch für andere Vorurteile. Ich habe einen wunderbaren Freund, der eine Frau mit Kindern heiratete, sieben Jahre lang eine glückliche Ehe mit ihr führte und sich dann mit ihrem Einverständnis von ihr trennte. Es vergingen einige Jahre, und während einer besonders einsamen Phase ging er mit einer Frau aus, die zwei Kinder hatte. Er fühlte sich von ihr offensichtlich auf verschiedenen Ebenen angezogen, aber immer, wenn er über sie sprach, sagte er: «Sie ist wirklich eine tolle Frau, aber ich werde mich nicht mit jemandem einlassen, der Kinder hat. Ich habe schon zwei Kinder großgezogen, und ich werde es nie wieder tun.»

Er war ernsthaft dabei, sich in diese Frau zu verlieben, aber seine Regel, derzufolge er sich nicht in eine Frau mit Kindern verlieben durfte, führte dazu, daß er die Liebe, die er bereits spürte, verneinte. Aber die Liebe war stärker als seine Voreingenommenheit, denn mittlerweile ist er mit dieser Frau verheiratet und entdeckte im Laufe der Zeit nicht nur, daß er sie liebt, sondern daß ihm auch ihre Kinder am Herzen liegen. Das zeigt nur, daß Vorurteile häufig nur Fehlurteile sind; wie Gesetze sind auch sie dazu da, gebrochen zu werden.

Viele Singles, die sich auf der Suche nach Liebe befinden, laufen mit einem ganzen Sack voller vorgefaßter Meinungen herum. Eine davon ist: «Es ist nicht gut, einen verwitweten Menschen zu lieben, besonders dann nicht, wenn er denjenigen, der gestorben ist, sehr geliebt hat, denn wie könnte ich je in dessen Fußstapfen treten? Entweder fülle ich sie nicht aus oder passe nicht hinein!» Die Wahrheit ist aber, daß ein Mensch, der einen anderen wirklich geliebt hat, weiß, wie man liebt. Und wenn der richtige Zeitpunkt gekommen ist, wird ein solcher Mensch ein wunderbarer Kandidat für die Liebe sein.

Ein anderes Vorurteil besagt, daß es bestimmte Phasen im Leben gibt, in denen wir uns nicht verlieben sollten. Zum Beispiel: «Man sollte sich nicht gleich wieder verlieben, wenn man sich gerade erst getrennt hat.» Natürlich ist das ein wertvoller, vernünftiger Rat, der im Einklang mit dem gesunden Menschenverstand steht, da wir wissen, daß wir erst unsere emotionale schmutzige Wäsche aus einer vorherigen Beziehung waschen sollten, bevor wir eine neue eingehen. Aber es gibt dabei auch eine Unzahl von Ausnahmen. Wenn eine Beziehung endet – besonders dann, wenn sie langsam und nur mit viel Mühe ihren Geist aufgegeben hat – dann mag der betreffende Mensch schon den Trennungsschmerz verarbeitet und die Loslösung und den Wachstumsprozeß abgeschlossen haben, wodurch er paradoxerweise zu einem idealen Kandidaten für die Liebe wird.

Dann gibt es die Maxime, daß wir uns mindestens ein halbes Jahr lang nicht verlieben sollten, wenn uns das Herz gebrochen wurde. Dabei fällt mir die Geschichte einer jungen Frau ein, die sich voller Vorfreude auf ihre Hochzeit vorbereitete und es kaum noch erwarten konnte, die Hochzeitsgeschenke auszupacken. Aber vier Tage vor der Hochzeit teilte ihr ihr zukünftiger Ehemann mit, daß er seine Meinung geändert habe. Nachdem Sie diesen vernichtenden Schlag weggesteckt hatte, beschloß sie, sich nie wieder zu verlieben und ein Jahr lang überhaupt nicht auszugehen. Statt dessen wollte sie ernsthaft darüber nachdenken, was ihr passiert war, ihren Tränen freien Lauf lassen, sich auf ihre Arbeit konzentrieren und alle Hochzeitsgeschenke zurückgeben.

Aber nur ein paar Monate später, in denen sie Tag und Nacht geweint hatte, bemerkte ein Arbeitskollege, der ihr oft auf dem Flur begegnete, daß es ihr schlecht ging, und lud sie zum Essen ein. Wahrscheinlich können Sie sich den Rest der Geschichte denken. Noch bevor sie es geschafft hatte, alle Hochzeitsgeschenke zurückzusenden, verspürte sie bereits eine tiefe zärtliche Liebe für diesen Mann, und lange, bevor ihr «Ich werde nicht mehr ausgehen»-Jahr vorüber war, hatten sich die beiden verlobt. Wie es weiter ging? Nur um klarzustellen, daß dies keine Affäre aus Rache war, erwähne ich, daß diese erste Begegnung während einer schwierigen Zeit zu einer sehr glücklichen, jetzt bereits sechs Jahre andauernden Ehe und einer kleinen Tochter geführt hat.

Ihre Voreingenommenheit wird Ihnen immer im Weg stehen, wenn Sie sie nicht ans Licht des Tages holen und den Mut aufbringen, sie aufzugeben. Denken Sie jetzt einen Augenblick lang über die Regeln nach, die Sie bezüglich des Menschen, der in Ihr Leben treten soll, aufgestellt haben. Ähneln die folgenden möglicherweise den Ihren?

* «Da er gerade geschieden wurde, ist er ein schlechter Heiratskandidat. Ich werde nie wieder mit einem geschiedenen Mann ausgehen!»

- ✳ «Er war noch nie verheiratet, was beweist, daß er sich gar nicht wirklich auf eine Frau einlassen kann!»
- ✳ «Da sie in der Vergangenheit Probleme mit dem Trinken hatte, spielt es überhaupt keine Rolle, daß sie seit acht Jahren nicht mehr trinkt!»
- ✳ «Da er schon fünf Kinder mit seiner ersten Frau hat, wird er sicherlich keine mehr wollen!»
- ✳ «Er ist nicht groß genug!»
- ✳ «Sie ist nicht hübsch genug!»
- ✳ «Ich bevorzuge kluge Männer, und er ist mir nicht klug genug!»
- ✳ «Er hat nicht genug Geld. Ich will keinen Mann, der mich nicht verwöhnen kann!»
- ✳ «Ihr Job ist nicht gut genug. Ich will keine Frau, die ich ernähren muß, sondern eine, die ihren Teil zum gemeinsamen Haushalt beiträgt!»

Jedes dieser Vorurteile trifft möglicherweise auch auf Sie zu. Es ist aber auch möglich, daß Sie eine eigene, nur für Sie geltende Liste haben. Aber ganz gleich, was auf Ihrer Liste stehen mag, sollten Sie sich immer daran erinnern, daß diese Vorurteile Giftpfeile sind, die auf das Herz der Liebe abgeschossen werden. Wenn Sie mit einem Köcher voller beziehungstötender Pfeile herumlaufen, werden Sie gegenüber den Möglichkeiten, die sich Ihnen bieten, nicht offen sein. Sobald Sie sich aber Ihrer Voreingenommenheit bewußt geworden sind, fangen Sie automatisch damit an, sie abzubauen, wodurch die Chance größer wird, daß die Liebe ihren Weg zu Ihnen findet.

Noch ein letztes Wort über Voreingenommenheit. Wie bei jedem anderen Paradox der Liebe können vorgefaßte Meinungen vernünftig oder so verrückt sein, daß Sie sie schleunigst auf den Müll werfen sollten. Ihre Liebe sollten Sie als Richtlinie aufbewahren, aber gleichzeitig sollten Sie bereit sein, alle Vorurteile über Bord zu werfen, wenn ein Mensch zu Ihnen kommt, dessen Seele zu der Ihren spricht.

Liebe wird niemals perfekt sein
Wenn sich Voreingenommenheit mit einem unbekannten Kontinent vergleichen läßt, wäre Perfektionismus dessen entlegenster Außenposten. Perfektionismus ist Voreingenommenheit hoch n. Jeder von uns hat kleine oder riesige Perfektionismusepisoden in seinen Liebesträumereien. Auf einer Ebene äußert sich hier der Wunsch unserer unvollkommenen Persönlichkeit, in irgendeinem Bereich endlich einmal Vollkommenheit zu erleben, auf einer anderen ist dieser Wunsch nichts weiter als ein starrköpfiges Anhängen an der Phantasievorstellung, daß es tatsächlich so etwas

wie Vollkommenheit gibt und daß wir daran teilhaben könnten.

Auf einer höheren Ebene ist Perfektionismus aber Ausdruck der Sehnsucht nach dem Zustand der Reinheit, der der ursprüngliche Zustand unserer Seele ist, nach dem Zustand des Schönen und Lieblichen, an den wir uns aus der Welt der Seele erinnern, in der wir lebten, bevor wir menschliche Gestalt annahmen. Unsere Seele, die sich an diesen glückseligen Zustand erinnert, ruft in diesem Leben aus: «Ich erinnere mich! Wie kann ich diesen Zustand wieder erreichen? Vielleicht finde ich ihn ja wieder, wenn ich die Liebe meines Lebens finde!» Die Sehnsucht der Seele nach vollkommener Einheit ist real, und tatsächlich gestattet uns die Liebe in weitaus größerem Ausmaß als jede andere menschliche Erfahrung, einen vorübergehenden Blick auf diesen ekstatischen Zustand zu werfen. Aber wir sollten nicht erwarten, daß wir ihn hier auf Erden, wo wahre Vollkommenheit fast nie erreicht wird, als tagtägliche Erfahrung erleben könnten. Zwar ist Perfektionismus wahrscheinlich auch in seinen fordernden, unvernünftigen und unangenehmen Aspekten nur die Sehnsucht nach dem Göttlichen, aber in Beziehungen ist er der ständige Stachel im Fleisch. Für viele von uns wird sich die Liebe niemals in einem Menschen verkörpern können, weil unsere Vorstellung, wie dieser

Mensch sein sollte, so weit außerhalb des Menschenmöglichen liegt, daß niemand diese Erwartungen erfüllen kann.

Diese perfektionistische Idealvorstellung wurde durch Film, Fernsehen und Werbung aufs äußerste verstärkt, da diese uns weiszumachen versuchen, daß Perfektion tatsächlich möglich ist und daß jede unserer Launen befriedigt werden sollte. Verglichen mit den bronzefarbenen Göttern und den aufgedonnerten Schönheiten, die wir auf der Leinwand sehen, ist ein Durchschnittsmensch mit seinen Pickeln und sonstigen Fehlern natürlich kaum noch akzeptabel, selbst wenn er ansonsten auf allen Ebenen annehmbar und liebevoll ist.

Ich kannte eine Frau, die sich von einem gütigen, großzügigen Mann trennte, weil er im Schlafzimmer nasse Handtücher auf dem Boden liegen gelassen hatte; einen Mann, der einer tollen Frau nach dem ersten Rendezvous den Laufpaß gab, weil sie mit offenem Mund gekaut hatte; und eine Frau, die einen wunderbaren möglichen Partner ablehnte, weil er «komisch roch». Mögliche große Lieben sind an größeren, aber auch schon an kleineren Anforderungen des Perfektionismus gescheitert: «Sie hatte ein merkwürdiges Portemonnaie.» «Er hat mir die Wagentür nicht aufgehalten.» «Er trug braune Socken zu seinen Tennisschuhen.» Aber ganz gleich wie sich Ihr spezifischer Perfektionismus ausdrücken mag, sollten Sie – wenn Sie sich wirklich verlieben möchten – bereit sein, Ihre perfektionistischen Kopfgeburten auf die Guillotine zu schicken.

Psychologisch betrachtet, hat jeder Perfektionismus unabhängig davon, in welchem Bereich er sich äußern mag – Aussehen, Haushaltsführung, Ästhetik, Hygiene –, viele Gründe. Manchmal verbirgt sich dahinter ein tiefsitzender Widerstand gegen die Liebe, weil wir uns – wie ich ja bereits erwähnt habe – davor fürchten, überfordert oder verlassen zu werden. Es kann sich aber auch um ein ganz spezifisches Persönlichkeitsmerkmal wie Pedanterie, Mäkelsucht oder Narzißmus handeln oder um eine vorübergehende Verhaltensweise, die uns helfen soll, mit einer kritischen Phase unseres Lebens fertig zu werden.

Dabei fällt mir Shelley ein, eine Frau Ende Dreißig, die oftmals weinend zu mir kam, weil sie so verzweifelt darüber war, daß sie keinen Schatz hatte. Im Laufe unserer Gespräche wurde deutlich, daß sie – ohne sich dessen bewußt zu sein – die Entscheidung getroffen hatte, ihre gesamte Energie ins Filmgeschäft zu investieren und damit unter gar keinen Umständen aufzuhören, bis sie einen abendfüllenden Film produziert hatte.

Das dafür erforderliche Arbeitspensum war unglaublich und weit größer, als sie es jemals erwartet hätte. Während ihr Projekt voranging und ihr klar wurde, was sie dafür aufgeben mußte, wurde sie immer trauriger, weil sie keine Beziehung hatte. Interessanterweise fand sie aber bei jedem Mann, der ihr nahekam, einen Grund, weshalb er nicht der Richtige war: Einer war zu klein, ein anderer hatte nicht genug Geld; einer zog sich falsch an, ein anderer hatte schiefe Zähne.

Ohne daß sie es erkennen konnte, hatte Shelley nur die Art von Beziehungen zugelassen, die sie in ihr Leben integrieren konnte, und diese waren kurz, bequem und emotional oberflächlich. Sie wollte zu diesem Zeitpunkt gar keine enge Beziehung in ihrem Leben haben, weil sie überhaupt keine Zeit dafür hatte. Ihr ewiges Herummäkeln war ihre Methode, mit der sie sicherstellte, daß sie allein bleiben würde. Jahre später, nachdem ihre Karriere gut lief, heiratete sie mit Mitte Vierzig und adoptierte ein Baby (was uns daran erinnern sollte, daß es in jedem Leben unterschiedliche Phasen gibt und wir uns immer für das ehren sollten, was wir gerade sind).

Dann ist da noch Ed, ein Mann, der eine Sammlung von ehemaligen Freundinnen hatte, gegen die die Wahl zur Miss Amerika wie ein Fastnachtsumzug ausgesehen hätte. Eds Exfreundinnen gehörten zu der ungewöhnlichsten Gruppe von Frauen, die man sich überhaupt vorstellen kann: Sie waren alle wunderschön, talentiert, stark und gütig. Durch die Verknüpfung bestimmter Umstände trafen sich sechs von ihnen auf einer

Party. Sie hatten großen Spaß daran, sich kennenzulernen und einigten sich auf zwei Dinge: a) Ed war ein Idiot, und b) Ed hatte einen ausgezeichneten Geschmack, was Frauen betraf.

In jeder Beziehung hatte Ed an irgendeinem Punkt aus einem bestimmten Grund beschlossen, daß die betreffende Frau eine Eigenschaft hatte, die er partout nicht ausstehen konnte. Eine hatte keine Lust, mit ihm Mountainbike zu fahren, eine andere hatte Angst vorm Fliegen, eine dritte hatte eine Karriere, die er für zu zeitintensiv hielt. Eine wollte Kinder, während er keine wollte, und die letzte wurde von der Liste gestrichen, weil sie nicht die richtige Haarfarbe hatte. Die sechs Frauen kamen übereinstimmend zu dem Schluß, daß er wahrscheinlich mit jeder von ihnen sehr glücklich geworden wäre. Darüber hinaus befand sich nicht eine unter ihnen, die ihn nicht sofort mit Freuden geheiratet hätte.

Was dieser superanspruchsvolle Bursche durch seinen Hang zum Perfektionismus beweist, ist, daß dieser alle akzeptablen Kandidatinnen auf irgendeine Weise in allerletzter Minute inakzeptabel machen kann. Der Perfektionismus ist so perfektionistisch, daß er vollkommen unsichtbar ist. Wenn Sie wirklich jemanden an Ihrer Seite und in Ihrem Bett haben möchten, müssen Sie Ihr Bedürfnis nach Perfektion dafür opfern.

Hören Sie auf,
an allem herumzumäkeln

Wir alle haben unsere kleinen persönlichen Vorlieben und bevorzugen zum Beispiel Männer mit guten Manieren oder Frauen, die nicht mit riesigen Laufmaschen in den Strümpfen herumlaufen. Wir sollten aber aufpassen, daß diese Vorlieben nicht der Ausdruck eines außer Rand und Band geratenen Perfektionismus werden. Zwar beziehen sich diese Vorlieben auf Dinge, die uns tatsächlich stören, an die wir uns nicht so leicht gewöhnen oder mit denen wir sonstige Probleme haben, aber sie sollten nicht zum Hauptthema werden, wenn es um die Liebe geht. Wenn wir uns auf diese Dinge konzentrieren, werden sie zur Nadel im Heuhaufen, nur leider besteht das Problem in diesem Fall nicht darin, die kleine Nadel nicht im großen Heuhaufen finden zu können, sondern darin, daß die Nadel so groß wird, daß Sie vor lauter Nadel den Heuhaufen nicht mehr sehen können.

Seien Sie in Liebesdingen nicht zu eigen. Die Liebe wird sie zwar überraschen, aber sie wird nicht perfekt sein. Sie wird im Vergleich zum großen Liebesroman oder zur perfekten Liebe Ihrer Träume zwar angenehm sein, aber auch viel bescheidener und schlichter. Allerdings wird sie größer als Ihre vorgefaßte Meinung sein und – ob Sie es nun glauben oder nicht – in einem höheren

Sinne vollkommener, als Sie sich als Perfektionist Vollkommenheit überhaupt vorstellen können.

Werfen Sie daher Ihre Liste mit Ihren kleinen perfektionistischen Eigenheiten weg. Sie befinden sich nicht auf einer Ebene mit Ihrer C.S.Q.N., und wenn Sie sie auf diese Ebene erheben, werden sie zu dem Grund, aus dem Sie in Liebesdingen immer wieder auf der Verliererseite stehen werden.

Erinnern Sie sich vor allem daran, daß Ihre kleinen persönlichen Vorlieben und Abneigungen eigentlich nichts mit der Liebe zu tun haben. In dem Augenblick, in dem die Liebe in Ihr Leben tritt und Ihr Herz öffnet, Ihre Seele berührt und Ihr Bewußtsein verändert, werden Sie sie als so wunderbar erfahren können, daß Ihre perfektionistischen Prinzipien im Handumdrehen verschwunden sein werden.

In Wahrheit bricht nämlich der Mensch, der eines Tages als lebendes Wunder der Liebe vor Ihnen steht und auf den Sie so lange gewartet haben, alle Ihre Regeln und widerspricht allen Ihren Erwartungen – seien diese nun perfektionistisch oder nicht. Ich muß immer lächeln, wenn ich in diesem Zusammenhang an einen Mann denke, den ich vor Jahren kannte. Er war so wild entschlossen, zum Zeitpunkt seines Universitätsabschlusses verheiratet zu sein, daß er eine Liste mit 34 Eigenschaften aufgestellt hatte, die seine zukünftige Braut besitzen sollte. Dann begann er auf sehr methodische Weise mit jeder Studentin auszugehen, zu der er sich auch nur im geringsten hingezogen fühlte, um herauszufinden, ob sie seine Ansprüche erfüllen könnte.

Schließlich fand er nach vielen Rendezvous eine Frau, die jedem seiner Ansprüche auf der Liste gerecht wurde. Er hielt um ihre Hand an, sie heirateten kurz nach seinem Abschluß, und seitdem ist er – wie er mir Jahre später sagte – kreuzunglücklich gewesen.

Wie diese traurig-komische Geschichte zeigt, ist Perfektionismus ein schlechter Ratgeber, denn Liebe ist ein Mysterium, das sich durch die Aufstellung von Listen nicht erfassen läßt. Wenn Sie das gefunden haben, was Sie für Liebe halten, sollten Sie sich nicht fragen, ob der betreffende Mensch 99 Prozent Ihres perfektionistischen Wunschzettels erfüllt. Fragen Sie sich statt dessen lieber: «Fühle ich mich geliebt? Bedeutet mir dieser Mensch wirklich so viel?» Nur wenn Sie sich geliebt fühlen und lieben, wird es Ihnen gelingen, eine Beziehung aufzubauen, in der sich die täglichen, ganz gewöhnlichen, aber auch die außergewöhnlichen Erlebnisse der Liebe ereignen können.

11

Springen Sie
ins Ungewisse hinein

Da Sie sich jetzt vorbereitet haben, indem Sie sich
Ihre Vergangenheit angeschaut haben, definiert
haben, was Sie wollen, und sich der Weisheit Ihrer
Seele hingegeben haben, wartet die Liebe darauf,
aus dem gewaltigen und geheimnisvollen Äther
zu Ihnen zu kommen und Sie auf Ihrer Tür-
schwelle, an einer Straßenecke, auf dem Nachbar-
sitz im Flugzeug, vor einer Telefonzelle in der
Schlange hinter Ihnen oder auf der anderen Seite
des Raumes auf einer langweiligen Firmenfeier
begrüßen zu dürfen.

Aber diese wunderbaren Zufälle werden sich
nur dann ereignen, wenn Sie den Sprung ins Ungewisse wagen. Dieser Sprung ist ein Akt der Hingabe, in dem sich Ihr Glaube, Ihre Absicht und Ihr
Vertrauen vereinen. Der Sprung ins Ungewisse ist
eine tatsächliche Bewegung des Körpers, der Gefühle und der Seele, in der Sie all Ihre Kraft zu-
sammennehmen und ausdrücken: «Ich werde
mich der Liebe durch eine ganz bestimmte Handlung hingeben!»

Diese Handlung kann ganz einfach sein und
darin bestehen, zum zweiten Mal mit jemandem
auszugehen, oder sie kann so schwierig sein wie

das Erlernen einer fremden Sprache. Aber ganz gleich worin sie auch bestehen mag, ist es überraschenderweise häufig sehr schwer, sie tatsächlich auszuführen, denn genau in dem Augenblick, in dem die Liebe in Gestalt eines Menschen auftaucht, bei dessen Anblick unsere Knie weich werden, tauchen auch viele unserer negativen Gefühle auf: «Das ist viel zu schön, um wahr zu sein!» «Das kann einfach nicht klappen!» «Das kann ja gar nicht der Richtige für mich sein!»

Es ist ein Paradox des Lebens, daß Momente von großer Schönheit häufig von gegenteiligen Gefühlen begleitet werden. Aber nur beide Seiten zusammen – gut und schlecht, Freude und Leid, Entzücken und Angst – bilden im menschlichen Leben ein vollständiges Ganzes. Wenn wir daher jemandem begegnen, der für uns in Frage kommt, werden wir uns auch unserer Zweifel bewußt. In dem Augenblick, in dem wir Glückseligkeit verspüren, fühlen wir auch unsere Unsicherheit. Wir möchten zwar bis ans Ende unserer Tage glücklich sein, aber wir erkennen auch, daß wir Angst haben, dieses Glück wieder zu verlieren.

Als Kind las mir meine Mutter eine Geschichte vor, die ich über alles liebte. Sie handelte von einer Familie, die zu einem herrlichen Bankett zu Ehren des Verlobten ihrer Tochter, der aus einem fernen Land eingetroffen war, zusammengekommen war. Sie hatten ein Schwein gebraten, Kuchen gebacken und saßen nun am Tisch, um es sich gut gehen zu lassen. Da bat der Vater den jungen Mann, in den Keller zu gehen und zur Feier des Tages noch eine Flasche Wein zu holen. Kaum war er die Treppe hinuntergegangen, fing die Mutter an zu weinen und zu klagen. «Warum bist du denn so unglücklich?» fragte der Vater. «Wir amüsieren uns doch köstlich!»

Die Mutter weinte und jammerte aber noch mehr und schluchzte schließlich: «Ich dachte gerade an den Mann unserer Tochter, und wie herrlich es ist, daß die beiden heiraten, und nun geht er in den Keller, um eine Flasche Wein zu holen, aber über der Kellertür hängt doch ein Beil, und da dachte ich, was wäre, wenn er die Treppe hinunterginge und stolperte und das Beil vom Haken herunterfiele und ihm den Kopf abhackte und er stürbe und wir ihn verlieren würden, bevor die beiden überhaupt heiraten konnten?»

Dieses Märchen illustriert das Dilemma, in dem wir uns so oft befinden: Jedes Glück enthält auch die Möglichkeit großen Unglücks. Die Mutter der Braut sprach eine tiefsitzende Angst aus, die wir alle mit ihr teilen, denn wenn wir uns verlieben, lassen wir uns ja nicht nur auf die Liebe ein, sondern auch auf einen potentiellen Verlust. Aus diesem Grund werden wir selbst in den Augenblicken, in denen wir glücklich und froh sind, von Ängsten und Zweifeln heimgesucht.

So sagen wir vielleicht zu unserem Partner: «Jetzt bist du zwar bei mir, aber wirst du mich auch immer lieben?» Oder: «Wir haben uns doch gerade erst verliebt, und schon willst du mit den anderen angeln gehen. Ich habe Angst, daß du mich vergißt!»

Manchmal sagen wir diese Dinge nur zu uns selbst: «Ich bin zwar jetzt glücklich, aber wann kommt der Haken?» Oder: «Das ist einfach zu schön. Ich kann damit nicht umgehen, also werde ich lieber etwas bremsen und mich zurückhalten oder dir alle möglichen Prüfungen auferlegen, um herauszufinden, ob du wirklich das bist, was du zu sein scheinst!»

Es gibt verschiedene Wege, einander in Liebesdingen zu testen, besonders gleich zu Anfang. Wir verderben dem anderen die Ferien, machen ein Theater ums Geld, indem wir zu viel verlangen, zu geizig sind oder dem Partner so viel geben, daß er ständig in unserer Schuld zu sein glaubt. Wir erwähnen immer wieder alte Freundinnen oder ehemalige Liebhaber, betonen, daß wir noch nicht bereit sind, eine Beziehung einzugehen, oder machen alleine Urlaub, um herauszufinden, ob es dem anderen wirklich so ernst ist, daß er bereit ist, auf uns zu warten. Wir prüfen einander auf verschiedenste Weise, um – so weit es eben möglich ist – herauszufinden, ob der betreffende Mensch uns nicht doch enttäuschen oder verlassen wird oder ob er nicht doch mit einem furchtbaren Makel behaftet ist, mit dem wir nicht umgehen können.

Die Liebe wird immer von Zweifeln begleitet. Wenn Sie sich klarmachen, daß Gefühle der Unsicherheit die natürlichen Begleiter der Gefühle der Verbindung sind, werden Sie lernen, mit Ihren Zweifeln besser umzugehen. Wenn Sie einem ganz besonderen Menschen begegnen, in Panik geraten und wie der Wind davonsausen möchten, müssen Sie eine spirituelle Entscheidung treffen. Sie können Ihren Zweifeln nachgeben und sich von der Beziehung zurückziehen, oder Sie können sich über die Zweifel hinwegsetzen, sie gleichsam in Ihre Hosentasche stecken und sagen: «Ja, jetzt, da ich mich diesem Menschen so sehr verbunden fühle, spüre ich auch, daß es eine Menge schwieriger Dinge gibt, vor denen ich mich fürchte und die mich zerstören könnten. Weil ich eine so große Freude erlebe, ist es mir möglich, auch die Trauer zu fühlen, wenn ich die Liebe wieder verlieren sollte. Aber trotz dieser furchtbaren Möglichkeit werde ich diese Liebe nicht aufgeben. Ich werde sie halten, sie ehren und sie so lange genießen, wie sie anhält.»

Das ist der große Sprung ins Ungewisse, mit dem Sie sich im Angesicht des potentiellen Verlustes für die Liebe entscheiden. Er repräsentiert den Triumph der Hoffnung über die Tyrannei des Zweifels und der Angst. Wenn wir einem Menschen begegnen, der es wert ist, von uns geliebt zu werden, können wir auf diesen Sprung nicht verzichten. Dieser Sprung wird von jedem erwartet, der wahrhaftig lieben möchte.

Bereiten Sie sich darauf vor
zu handeln

Jeder Sprung ins Ungewisse erfordert an einem gewissen Punkt, daß Sie zur Tat schreiten, wohl wissend, daß die Gelegenheit vorbei sein und die Liebe nie wieder kommen wird, wenn Sie nicht sofort handeln. Manchmal müssen Sie nur über innere Hürden wie Ihren Widerstand, Ihre Ambivalenz oder Angst springen, aber manchmal drückt sich dieser Sprung auch durch eine konkrete Handlung, wie Verlobung, Heirat oder Zusammenziehen, aus.

Dann gibt es wieder Zeiten, in denen ein Sprung ins Ungewisse beide Faktoren beinhaltet. Ich kannte ein Paar namens Ted und Alice, die in zwei weit voneinander entfernten Landesteilen lebten und sich auf einem Tennisturnier begegneten. Beide waren geschieden und hatten sich seit langem gewünscht, sich wieder zu verlieben. Während der wunderbaren Tage, die sie mit Tennis und Gesprächen verbrachten, bekamen sie beide das Gefühl, der andere könnte der Richtige sein. Am Ende der Woche war beiden klar, daß sie sich verliebt hatten.

An diesem Punkt hatten sie die Wahl. Jeder von ihnen hätte etwas Unverbindliches wie «Das war eine herrliche Woche. Vielleicht sehen wir uns ja einmal wieder!» sagen und sich so emotional schützen können. Die Alternative bestand für beide darin, den Sprung ins Ungewisse zu wagen und auf eine Weise zu handeln, die zeigte, daß sie die Gefühle des anderen erwidern wollten. Sie entschlossen sich, mutig zu sein. Bevor sie sich verabschiedeten, gestanden sie einander ihre Liebe und versprachen sich: «Was wir auch immer tun werden, wir werden diese wunderbare Liebe nicht aufgeben.»

Dann flogen sie in ihre weit voneinander entfernten Heimatorte zurück. Nach ein paar Tagen rief Ted bei Alice an und sagte: «Ich möchte dich bitten, mich sofort zu heiraten, denn wenn wir unsere tiefen Gefühle nicht durch eine solche Verbindung ausdrücken, werden sie sich verflüchtigen, weil wir so weit voneinander entfernt leben.» Sie war einverstanden, und innerhalb von drei Wochen hatten die beiden geheiratet und ihr Leben so organisiert, daß sie jeweils die Hälfte des Jahres in einem der Häuser verbringen konnten.

Die beiden geben zwar zu, daß es bei dieser Regelung ab und zu logistische Schwierigkeiten gibt, aber sie sehen diese als eine Herausforderung an, die sie gerne annehmen. Aber vor allem sind beide felsenfest davon überzeugt, daß ihnen die Liebe mit Sicherheit durch die Finger geglitten wäre, wenn sie nicht «impulsiv» geheiratet und so den Sprung ins Ungewisse gewagt hätten.

Ich liebe diese Art von impulsiven Liebesgeschichten, denn häufig symbolisieren sie den wahren Mut und die großherzige Tapferkeit, die nötig ist, um in Liebesdingen Erfolg zu haben. Auch Amanda und Philip lebten in zwei weit voneinander entfernten Städten. Amanda, eine erfolgreiche Dekorateurin Mitte Fünfzig, hatte jung geheiratet und war schon mit Anfang Dreißig wieder geschieden worden. Nachdem sie ihre Kinder alleine großgezogen und ihnen das Studium finanziert hatte, hatte sie ihr Talent endlich eingesetzt, um für sich selbst ein schönes Heim zu schaffen. Sie war so entzückt von ihrer Schöpfung, daß das Haus – wie sie selbst oft sagte – ihr einen Mann ersetzte. «Es beschützt mich, es gibt mir Geborgenheit, und es macht mir Freude. Was könnte ich mir noch mehr wünschen? Ich brauche in meinem Leben keinen Mann!»

Eines Abends ging sie zu einer Party und traf Philip, der seit vielen Jahren geschieden war. Er war Rechtsanwalt, hatte sich sehr um seine mittlerweile erwachsenen Kinder gekümmert und war viel gereist. Auch er war völlig mit seinem Leben zufrieden und ging ganz in seinem Beruf auf. Aber in dem Augenblick, in dem sich die beiden ansahen, erkannten sie, daß sie sich immer gewünscht hatten, eine solche Liebe möge ihnen begegnen.

Sie gingen kurze Zeit miteinander aus, und schon nach ein paar Wochen eröffnete Philip ihr: «Ich möchte, daß du zu mir kommst und mit mir lebst, denn ich kann meine Arbeit nicht mit mir nehmen, aber du kannst das mit deiner. Ich möchte den Rest meines Lebens mit dir verbringen.» Amanda sprang ins Ungewisse hinein. Innerhalb einer Woche bot sie ihr Haus zum Verkauf an. Nach zwei Wochen war es verkauft, und innerhalb eines Monats war sie in Philips Haus gezogen, von wo aus sie nun ihren Beruf ausübt und wo die beiden seit neun Jahren glücklich miteinander leben.

Wie diese wunderbaren Geschichten zeigen, ist ein Sprung ins Ungewisse nicht nur ein kleiner Hopser auf das nächste Feld beim Himmel-und-Hölle-Spielen, sondern ein großer angsteinflößender Satz ähnlich dem eines Trapezkünstlers, der voller Vertrauen durch die Luft segelt, wie der eines Fallschirmspringers, der aus einem Flugzeug springt oder der eines Bergsteigers, der zwischen zwei steil abfallenden Felswänden über dem Abgrund nur an einem Seil hängt. Auf jeden Fall handelt es sich hier nicht um eine belanglose, halbherzig ausgeführte Angelegenheit. Wir müssen unsere gesamte Kraft sammeln und laut und deutlich «Ja!» rufen, damit wir uns von dort, wo wir uns befinden, in die Präsenz der Liebe begeben können.

Natürlich besteht ein solcher Sprung nicht immer in äußeren Veränderungen. Für viele Menschen bedeutet er einfach, ihren ganzen Mut zusammenzunehmen, um die unvermeidlichen Verletzungen und Enttäuschungen auf sich nehmen zu können, die jede Beziehung mit sich bringt und die sich in der mangelnden Bereitschaft, den unverarbeiteten Problemen, den kleinen Schrekken, großen Störungen und irritierenden Unannehmlichkeiten zeigen, durch die eine neue Liebe auf frustrierende Weise getestet wird.

So ist es zum Beispiel möglich, daß Sie sich Hals über Kopf verliebt haben, er es aber nicht so eilig hat und etwas mehr Zeit braucht; daß er Sie zwar heiraten möchte, aber eben nicht jetzt, sondern vielleicht in sechs Monaten. Ihr Sprung ins Ungewisse zeigt sich dann darin, daß Sie die Geduld aufbringen müssen, zu warten und zu vertrauen und nicht auf der Stelle kehrtzumachen und sich mit jemand anderem auf und davon zu machen. Vielleicht befinden Sie sich aber auch gerade erst in der fünften Woche Ihrer Beziehung, und schon unternimmt er eine einmonatige Reise nach China, die er bereits seit zwei Jahren geplant hatte. Dann muß Ihr Glaube stark genug sein, damit Ihre Liebe seine Abwesenheit, Ihre Sehnsucht und seinen Jetlag nach der Rückkehr ertragen kann.

Sprünge ins Ungewisse sind so unterschiedlich wie die Blumen in einem Garten. Sie mögen geistiger Art sein und erfordern, daran zu glauben, daß die Liebe tatsächlich auf Sie wartet; oder emotionaler Art und von Ihnen verlangen, daran zu glauben, daß er Sie nicht im Stich lassen wird, wie es die anderen getan haben; oder einfach praktischer Natur und es nötig machen, daß Sie ein Flugticket kaufen, um zu ihr zu fliegen.

Die Geschichte meines Klienten Mark illustriert, worin ein solcher Sprung bestehen kann. Nach mehreren gescheiterten Beziehungen verliebte sich Mark in Laura, die ihn heiraten wollte. Sechs Monate nach Beginn ihrer Beziehung tauchte er ganz grau im Gesicht in meinem Büro auf und verkündete, daß Laura eine Bombe hatte platzen lassen.

Ein anderer Mann, zu dem sie sich früher sehr stark hingezogen gefühlt hatte, der aber damals verheiratet gewesen war, hatte sie aus heiterem Himmel angerufen, ihr erzählt, daß er seit einem Jahr geschieden war, und sie gebeten, mit ihm auszugehen. Sie erzählte Mark davon und sagte zu ihm: «Ich weiß, daß dir das furchtbare Angst machen wird, aber ich muß mich mit ihm treffen, da ich sonst nie herausfinden werde, ob ich die richtige Entscheidung getroffen habe.» Mark war vor Angst wie gelähmt. Er konnte an nichts anderes als an das unmittelbar bevorstehende Ende seiner großen Liebe denken.

Obwohl ihn die Angst ganz krank machte, beschloß er, den Sprung zu wagen, und schlug Laura vor, daß sie sich nicht nur einmal, sondern wenn notwendig, sogar mehrere Male mit dem anderen Mann treffen sollte, um sich über ihre Gefühle wirklich klarwerden zu können. Er versicherte ihr, daß er sie liebe und daß er auf sie warten würde. Er bestand aber auch darauf, daß sie nach der Begegnung mit dem anderen schonungslos offen zu ihm sein müsse.

Es sei das schwierigste Wochenende seines Lebens gewesen, erzählte er mir später, aber er konnte spüren, wie seine Stärke im Angesicht seiner Angst zunahm. Er erkannte, daß er bereit war, sich dieser Prüfung zu unterziehen, weil seine Liebe so groß war. Gegen Ende dieser Zeit des Wartens hatte er einen solchen Frieden gefunden, daß er Laura für die persönliche Entwicklung danken konnte, die er durch diesen Prozeß erfahren hatte, selbst wenn er sie an den anderen Mann verlieren sollte. Wie Sie wahrscheinlich aber schon vermutet haben, war Laura sich durch das Wochenende ihrer Prioritäten klargeworden und hatte sich eindeutig für Mark entschieden.

Legen Sie einen Eid
auf die Wahrheit ab

Ein Sprung ins Ungewisse kann auch darin bestehen, in einer gegebenen Situation ständig Ihre Gefühle zu offenbaren, während Sie das Mysterium einer neuen Beziehung mit einem Menschen ergründen. Für viele von uns ist das Eingehen dieses emotionalen Risikos der größte Sprung, den wir machen können. Einfach den Mut aufzubringen zu sagen, was wir fühlen, ist etwas, das die meisten von uns noch nie getan haben. Allein die Worte: «Ich freue mich so, dich zu sehen!» können auf der emotionalen Ebene schon ein Risiko gewaltigen Ausmaßes darstellen. Es gehört auch Mut dazu zu sagen: «Erzähl mir ein Geheimnis von dir!» oder: «Es hat mir weh getan, daß du nicht angerufen hast!»

Emotionale Ehrlichkeit ist schwierig, da wir gelernt haben, uns zu schützen, indem wir eine falsche Fassade zeigen, durch die wir den anderen anzulocken versuchen. Deshalb rate ich allen Menschen, die eine neue Beziehung eingehen möchten, einen Eid auf die Wahrheit abzulegen: «Ich gelobe, dir zu sagen, was ich fühle, und ich bin bereit, mir anzuhören, was du fühlst!» Mit diesem Eid versprechen wir, einander stets in einer Atmosphäre des offenen emotionalen Austauschs zu begegnen und einander darüber auf dem laufenden zu halten, was wir gerade erleben.

Dieser Wahrheitsschwur ist das genaue Gegenteil der falschen Regeln aus unserer Schulzeit,
während der wir lernten, so zu tun, als wäre uns
der andere egal, ganz zu schweigen von der «Wie
schnappe ich mir am besten einen Partner»-Men-
talität des Erwachsenenalters. Einen Eid auf die
Wahrheit abzulegen bedeutet, die Karten auf den
Tisch zu legen, statt sie sich an die Brust zu drük-
ken, damit uns niemand hineingucken kann.

Das erfordert natürlich ein großes Maß an
Vertrauen, da Sie zunächst daran glauben müssen,
daß der andere Mensch tatsächlich herausfinden
möchte, wer Sie sind, wenn Sie ihm im Laufe
Ihrer Beziehung erzählen, wie Sie sich jeweils
fühlen.

Wenn Sie aber den Wahrheitsschwur abgelegt
haben, bekommen Sie dafür die echte Erfahrung
zweier realer Menschen, und nichts ist wichtiger
für eine erblühende Beziehung, als sie von Anfang
an auf Wahrheit aufzubauen. So kann eine Beziehung entstehen, die auf emotionaler Authentizität
beruht. Gleichzeitig vermeiden Sie die oberflächlichen Kontakte, in denen nicht enthüllt, sondern
verschleiert wird, wer Sie und Ihr potentieller
Liebster wirklich sind. Wenn Sie eine echte Beziehung eingehen möchten, sollten Sie den Grundstein dafür legen, indem Sie den Wahrheitsschwur
ablegen.

Es ist an der Zeit zu springen

Nun ist für Sie die Zeit gekommen, Ihren eigenen Sprung ins Ungewisse zu wagen. Ganz gleich worin dieser bestehen mag, in Ihrem Herzen wissen Sie bereits, worum es geht. Er kann so dramatisch sein wie bei Amanda, die ihr Haus verkaufte, oder wie bei Ted und Alice, die innerhalb von drei Wochen heirateten. Er kann aber auch darin bestehen, Ihren ganzen Mut zusammenzunehmen und den netten Burschen anzusprechen, der bei Ihnen gleich um die Ecke wohnt. Vielleicht müssen Sie Ihren Atem ein Wochenende lang anhalten, wie es Mark tat, oder den Eid auf die Wahrheit leisten und der Frau, der Sie im Flugzeug begegnen, von Ihren Gefühlen erzählen. Möglicherweise müssen Sie einmal Ihrer Leidenschaft vertrauen statt Ihrer Logik, oder alle Ihre häßlichen Zweifel abschießen, wenn diese ihre abscheulichen kleinen Köpfe zeigen. Was es auch immer sein mag – wenn Sie es erst einmal getan haben, sind Sie auf dem Weg, die köstlichen Früchte der Liebe zu ernten, ein gutes Stück weit vorangekommen.

* Worin besteht in der Situation, in der Sie sich zur Zeit befinden, Ihr Sprung ins Ungewisse? Zum Beispiel darin, Ihrer Freundin zu erzählen, wie groß Ihre Angst ist, daß die Beziehung nicht funktionieren könnte?

Oder darin zu warten, bis Ihr Geliebter zur Ehe bereit ist, obwohl Sie ihn auf der Stelle heiraten möchten, oder darin, die Beziehung, die Sie nicht befriedigt, zu beenden, um so Platz für eine neue zu schaffen?

Ich ermutige Sie, hinter der scheinbar unüberwindlichen Mauer hervorzutreten, die es Ihnen unmöglich macht, diesen Sprung zu wagen. Das Schöne am Springen ist ja gerade, daß Sie immer an einem neuen Ort landen. Im besten Fall ist dies der Anfang der großen Liebe Ihres Lebens; im schlimmsten Fall – wenn die neue Beziehung scheitert – werden Sie als Mensch gewachsen sein und neue Fähigkeiten entwickelt haben, so daß Sie beim nächsten Versuch fähiger sein werden, die Liebe in Ihr Leben einzuladen. So oder so: Sie können nicht verlieren, und wenn Sie den Sprung ins Ungewisse wagen, werden Sie dadurch auch sich selbst näherkommen.

12
Seien Sie dankbar

Dankbar zu sein heißt, auf allen Ebenen in einem Zustand großer Fülle zu leben. Wenn wir uns in diesem Zustand befinden – ganz gleich was sonst in unserem Leben geschehen mag –, sind unsere Herzen erfüllt, erblicken unsere Augen überall Schönheit, hören unsere Ohren Klänge, die uns entzücken und verzaubern, ist sich unser Bewußtsein der Majestät allen Lebens gewahr.

Wenn Sie dieses Buch lesen, weil Sie zur Zeit niemanden haben, den Sie lieben können, glauben Sie möglicherweise, Sie hätten nichts, für das Sie dankbar sein könnten. «Wie kann ich dankbar sein, wenn ich das, was ich mir wünsche, nicht habe?» werden Sie wahrscheinlich fragen. Oder: «Dankbarkeit? Kommen Sie mir bloß nicht mit so etwas!»

Das liegt daran, daß wir normalerweise glauben, Dankbarkeit sei etwas, das aufgrund eines bestimmten Erlebnisses entsteht. Wenn Ihnen jemand ein schönes Geschenk überreicht, sind Sie dafür anschließend dankbar; wenn Sie zu einem köstlichen Essen eingeladen werden, sind Sie hinterher dankbar. Aber um bereit für die Liebe zu sein, müssen Sie schon jetzt in Dankbarkeit leben und nicht erst dann, wenn Ihnen etwas gegeben wird.

Das widerspricht zwar unserem üblichen Verständnis vom Ablauf der Dinge, aber es ist wichtig zu verstehen, daß Dankbarkeit ein Magnet ist, der das anzieht, was ihm selbst ähnelt und dieselbe Schwingung hat.

Mit anderen Worten: Ein von Freude und Dankbarkeit erfüllter Mensch zieht einen Menschen an, der ebenfalls von Freude und Dankbarkeit erfüllt ist. Eine Frau, die das Leben zu schätzen weiß, wird einen Mann anziehen, der nicht nur für sein Leben dankbar ist, sondern auch sie zu würdigen weiß. Ein Mann, der sich seine Dankbarkeit selbst unter schwierigen Umständen bewahrt, wird eine Frau anziehen, deren Dankbarkeitsgefühl dem seinen ähnelt und die sein Leben bereichern kann.

Wenn wir nicht dankbar sind, werden wir die Früchte unserer Undankbarkeit ernten, zu denen Geiz, Armut, Mangel, Unbehagen, Verwirrung und Schwierigkeiten aller Art gehören. Drücken wir unsere Gefühle auf negative Weise aus, werden wir Menschen anziehen, die auf derselben armseligen Wellenlänge funktionieren und die gemeinsam mit uns jammern und klagen werden. Schwierigkeiten werden sich von uns angezogen fühlen, da unser Bewußtsein einem unaufgeräumten Picknickplatz ähnelt, auf dem sich diese Energien wie Ameisen niederlassen und es sich schmecken lassen können.

Wenn wir aber im Zustand der Dankbarkeit leben, wird alles, was schön, voller Freude und uns wohlgesonnen ist, ohne Anstrengung zu uns kommen. Wenn wir uns an Werten wie Schönheit, Dankbarkeit und Freude orientieren und in diesem Zustand leben, wird unser Dasein mit dem gefüllt werden, was wir bereits als Lebenseinstellung in unserem Herzen tragen.

Deshalb ist es so wichtig, für jedes Ereignis in unserem Leben – auch den schlimmen – dankbar zu sein, da jedes uns mit einem Geschenk oder einer Lektion bedacht hat. Wenn Sie eine tolle Beziehung hatten, sollten Sie vor Freude in die Luft springen und «halleluja!» singen, und wenn Sie schwierige Beziehungen hatten, sollten Sie für die Dinge dankbar sein, die Sie in ihnen gelernt haben. Ob Sie die Liebe nun zehn Minuten oder fünfzig Jahre lang gekostet haben, sollte Ihr Herz vor Dankbarkeit über jeden Moment der Liebe, der Ihnen gewährt wurde, platzen.

Lassen Sie jedes Ereignis zu einem Lehrer in Ihrer Schule der Dankbarkeit werden, denn Dankbarkeit kann stärker als jeder andere Bewußtseinszustand Ihre Liebesfähigkeit vergrößern, und letzten Endes ist es diese Fähigkeit, die die Liebe zu Ihnen bringen wird.

Üben Sie sich in Dankbarkeit

So wie Sie Ihre Liebesfähigkeit entwickeln können, so können Sie sich auch in Dankbarkeit üben. Wenn Sie damit beginnen, werden die Dinge, für die Sie von ganzem Herzen dankbar sein können, leichter Wirklichkeit werden. Wenn Sie wirklich möchten, daß sie zu Ihnen kommen, müssen Sie sie dankbar anerkennen, wenn sie anfangen, sich aus ihren Höhlen und Wohnungen, ihren Fitneßstudios und Hotelzimmern, ihren Swimmingpools und Hochhäusern in Ihre Richtung zu bewegen. Denn Sie werden sie in ihrer ganzen Schönheit nur dann wahrnehmen können, wenn Sie dankbar genug sind, diese auch anzuerkennen.

Wenn Sie sich nicht in Dankbarkeit üben, werden die Menschen, die sich nach der warmen Umarmung der großen Liebe sehnen, nicht den Mut aufbringen, sich Ihnen zu nähern, sondern statt dessen unbewußt sagen: «Ich weiß nicht, ob ich diesen Menschen wirklich kennenlernen möchte, denn er ist immer so undankbar, daß ich nicht einmal weiß, ob er sich überhaupt freut, mich zu sehen.»

Da Dankbarkeit die Liebe zu uns führen wird, ganz gleich, was auch sonst in unserem Leben geschehen mag, bleibt uns gar nichts anderes übrig, als dankbar zu sein. Aber wenn wir ganz in unserer Sehnsucht nach Liebe aufgehen, übersehen wir häufig die unzähligen Dinge, für die wir schon jetzt dankbar sein könnten. Dadurch schieben wir unbewußt eine Mauer zwischen uns und die Liebe, die nach uns sucht.

Es scheint fast, als ob die große Macht, die uns das Leben geschenkt hat, zu uns sagen würde: «Wenn du für Erdbeeren und Schlagsahne, für Joghurt und Müsli nicht gleichermaßen dankbar sein kannst, wenn du die wilden Gräser nicht ebenso zu schätzen weißt wie die Lilien, bist du offensichtlich noch nicht bereit, etwas so Großartiges und Wunderbares wie die Liebe zu empfangen. Deine Einstellung hat noch nicht die richtige Wellenlänge, und wir wollen schließlich nicht deine Sicherungen durchbrennen lassen, indem wir dir jemanden schicken, der dich und deine Fähigkeit, dankbar zu sein, überfordert.»

Dankbarkeit ist der Sport der Seele, durch den wir unseren Geist trainieren, sich ohne Unterlaß daran zu erinnern, daß Freude, Dankbarkeit und Liebe unsere wahre spirituelle Heimat sind und daß wir alle in einem Zustand der Gnade leben. Wenn wir uns daran erinnern, werden wir zu würdigen Teilnehmern am Wettlauf der Liebe. Denn einen wirklichen, lebendigen Menschen lieben zu können, unser Leben mit ihm zu teilen, mit ihm zu sprechen, ihn leidenschaftlich zu lieben und zu beobachten, wie das Alter seine Spuren auf seinem Körper und seinem Gesicht hinterläßt – das ist die großartigste Erfahrung, die das Leben zu bieten hat und für die wir mit Sicherheit dankbar sein können. Aber wenn Sie sich nicht durch Millionen kleiner Akte der Dankbarkeit darauf vorbereitet haben, die Ihnen zeigen, welcher Segen in der Dankbarkeit liegt, dann werden Sie wahrscheinlich zusehen müssen, wie die Liebe an Ihnen vorbeigeht.

Dankbarkeit ist die Nahrung der Liebe, ihre Inspiration, ihre Amme, ihr Engel und ihre gute Fee, alles in einem. Wenn Sie sich nicht sicher sind, ob Dankbarkeit wirklich ein unverzichtbarer Teil einer liebevollen Beziehung ist, sollten Sie mit dem nächsten Menschen, der Ihnen begegnet, ein kleines Experiment machen. Bedanken Sie sich *nicht* für die wunderschönen Rosen oder das köstliche Essen, *nicht* dafür, daß er Ihnen ein so guter Freund ist, daß sie Sie so gut versteht; bedanken Sie sich *nicht* für die Unterstützung, das offene Ohr, das ehrliche Gespräch und *nicht* dafür, daß der andere etwas von sich offenbart oder etwas mit Ihnen teilt. Sie werden überrascht sein, was passiert, wenn Sie sich ein paar Tage lang nicht bedanken: Wenn die Geschenke der Liebe nicht gewürdigt werden, verschwinden sie sehr schnell. Jeder Mensch besitzt ein gewisses Maß an Freude am Schenken, die allmählich geringer wird und stirbt, wenn sie nicht gefördert wird.

Unabhängig davon, ob Sie nun genau die Liebe

haben, die Sie sich wünschen oder nicht, sollten Sie Ihre Dankbarkeit darüber, überhaupt am Leben zu sein, in einem Lobgesang ausdrücken: «Danke für dieses Leben und diese Geburt; danke für die wunderbaren, schwierigen, sich ständig wandelnden, herrlichen und geheimnisvollen Eigenschaften meiner Persönlichkeit, mit denen ich spielen, gegen die ich ankämpfen und in die ich hineinwachsen darf. Danke für diesen Tag, für das Licht, die grüne Wiese, die Berge, dieses Auto, dieses Lied, diese Stimme, diese Augen, das Gefühl, daß alles möglich ist; danke für die Arbeit, das Spiel, die Freunde, den Ort, an den ich heimkehren und das Kissen, auf das ich meinen Kopf betten darf; danke für die Nahrung, die ich esse, die Luft, die ich atme, den Himmel, unter dem ich immer und immer wieder aufwache.»

Ganz gleich was Ihnen auf Ihrer Suche nach dem Menschen Ihrer Träume geschehen mag, sollten Sie dafür dankbar sein und immer von Herzen sagen: «Danke!» Bedanken Sie sich, und seien Sie froh über all die Dinge, die Ihnen bereits gehören, und auch für die, nach denen Sie sich sehnen und die noch zu Ihnen kommen werden. Dankbarkeit wird aus Ihnen einen so strahlenden Menschen machen, daß die Liebe, die Sie sich wünschen, Ihnen nicht länger widerstehen kann. Wenn die Liebe Ihres Lebens fühlt, wie sehr Sie das Leben lieben, wird sie zu Ihnen eilen.

Bestandsaufnahme:
Sind Sie bereit
für die Liebe?

Wenn Sie dieses Buch aufmerksam gelesen haben, wird Ihnen jetzt bewußt sein, daß die Suche nach der großen Liebe viele unterschiedliche Aspekte hat. Während Sie über die Antworten auf die Fragen nachgedacht haben, die ich Ihnen in diesem Buch gestellt habe, haben Sie einen Prozeß der Vorbereitung durchlaufen. Sie sind jetzt im Besitz gewisser Informationen, über die Sie bisher noch nicht verfügten, und wissen nun wahrscheinlich einiges über sich, das Ihnen vorher nicht bekannt war. Möglicherweise haben Sie sich bereits verändert, während Sie dieses Buch gelesen haben. So haben Sie unter Umständen eine alte emotionale Wunde geheilt, sind sich vielleicht Ihrer bisher nie erkannten Schönheit bewußt geworden oder haben die Lehren aus einer vergangenen Beziehung gezogen. Aber vor allem hoffe ich, daß Sie angefangen haben, daran zu glauben, daß es für Sie wirklich die ganz große Liebe gibt.

Die folgenden Bestandsaufnahmen sollen Ihnen zeigen, wo Sie sich im Prozeß der Vorbereitung auf die Liebe zur Zeit befinden. Wenn sich die bisherigen Fragen mit Klausuren vergleichen lassen, so ist dies die Abschlußprüfung und damit eine Gelegenheit, sich einen Überblick darüber zu verschaffen, wo Sie wirklich stehen.

Bei der Beantwortung dieser Fragen werden Sie erkennen, welche Problembereiche Sie bereits gelöst haben, aber auch in welchen Sie noch weiter wachsen können. Auf diese Bereiche sollten Sie Ihre Energie konzentrieren, um emotionale Heilungsprozesse zum Abschluß zu bringen und zu lernen, der Weisheit Ihrer Seele zu vertrauen.

Ich möchte nicht den Eindruck erwecken, daß Sie sich erst dann verlieben können, wenn Sie jedes Ihrer emotionalen und spirituellen Probleme gelöst haben. Keiner von uns ist perfekt, und es ist nicht notwendig, alle emotionalen und spirituellen Feinheiten verstanden und alle Rätsel gelöst zu haben, bevor Sie sich verlieben können. Aber es ist immer hilfreich zu wissen, wo Sie sich zur Zeit befinden und was Ihnen noch im Wege stehen mag. Diese Bestandsaufnahme soll eine Art Landkarte sein, ein Bild dessen, wo Sie heute stehen. Ich hoffe, daß Sie mit ihrer Hilfe weitere Klarheit erlangen werden und ein Gefühl der Vorfreude auf die Liebe spüren können.

1 Emotionale Bereitschaft

Auf der emotionalen Ebene drückt sich Bereitschaft darin aus, daß Sie Ihr Leben in dem Bewußtsein führen, ein emotionales Wesen zu sein, das ständig Gefühle hat, ganz gleich ob Sie sich dieser immer bewußt sind oder nicht. Sie drückt sich auch darin aus, daß Sie gewillt sind, das ständige Bewußtsein Ihres emotionalen Selbst in eine intime Beziehung einzubringen.

Sie sind gefühlsmäßig bereit, wenn Sie die folgenden Aussagen bejahen können.

* Sie haben Ihr Lebensthema erkannt und verstehen in einem gewissen Ausmaß, wie es sich in Ihren Beziehungen auswirkt.
* Sie haben die Verletzungen Ihrer Kindheit bis zu einem gewissen Grad geheilt, so daß Sie nicht jedes ungelöste Problem in die neue Beziehung einbringen müssen, um es dort zu heilen.
* Sie besitzen grundlegende Fähigkeiten, die für Beziehungen unerläßlich sind, darunter Selbsterkenntnis, Güte und Kommunikationsfähigkeit (die Fähigkeit, Ihren Standpunkt in den Dingen klarzulegen, über die man sich in einer Beziehung üblicherweise verständigen muß, wie Geld, Sex, Kinder, in welchen Restaurants Sie gerne essen und welche Filme Sie gerne sehen).
* Falls Sie diese Fähigkeiten noch nicht besitzen (sich aber verlieben möchten): Sind Sie bereit, sie zu entwickeln, indem Sie zum Beispiel zur Einzel- oder Paartherapie gehen

und Bücher über Beziehungen und Kommunikation lesen?

* Ihr Herz ist offen; Sie sind bereit, sich selbst, dem anderen Menschen und der Liebe zu vertrauen.

2 Spirituelle Bereitschaft

Auf der spirituellen Ebene bereit zur Liebe zu sein bedeutet, einen gewissen Grad der Reife erreicht zu haben, so daß für Sie ein Akt der Hingabe möglich geworden ist. Sie sind bereit, Ihre Egospielchen aufzugeben, um sich ganz der Kraft der Liebe hinzugeben. Sie sind willens, Ihre vorgefaßte Meinung darüber, wer Sie selbst sind und wer der andere Mensch sein sollte, mit Freuden aufzugeben. Sie vertrauen darauf, daß Ihre Seele das tut, was für Sie am besten ist, und Sie es deshalb riskieren können, sich zu verlieben. Durch diesen spirituellen Aspekt der Vorbereitung, der eine Art Vertrauen in ein gutes Ende ist, sagen Sie quasi: «Ich bin bereit! Ich bin willens! Ich bin begeistert! Ich bin optimistisch!»

Sie sind spirituell bereit, wenn Sie die folgenden Aussagen bejahen können.

* Sie versuchen nicht mehr, alles zu kontrollieren. Um dies zu überprüfen, fragen Sie sich selbst: «Was versuche ich in meinem Leben unter Kontrolle zu haben? Meinen

Besitz? Meine Freunde? Meine Zeit? Mein Geld?» Es ist natürlich angebracht, in gewissen Bereichen, wie Finanzen und Gesundheit, Kontrolle auszuüben. Aber wenn Sie versuchen, Menschen zu kontrollieren – «Erzähl mir bloß nicht, wie es dir geht. Ich will es gar nicht erst hören!» «Ich will nicht, daß du mich das fühlen läßt. Ich kann das nicht ausstehen!» «Du solltest das nicht fühlen!» –, befinden Sie sich nicht in dem Zustand der Hingabe, der für die spirituelle Vorbereitung unerläßlich ist. Im allgemeinen ist der Wunsch, die Gefühle, Umstände, Entscheidungen und die Psyche eines anderen Menschen kontrollieren zu wollen, ein Zeichen für mangelnde Bereitschaft auf der spirituellen Ebene.

* Sie haben erkannt, daß alle Beziehungen, auch die, die schmerzhaft waren oder nicht lange dauerten, Ihnen etwas gegeben haben.

* Sie sind bereit, sich der Macht der Liebe hinzugeben. Sie sind bereit, alles anzunehmen, was sie Ihnen schenken will. Um diese Aussage zu überprüfen, sollten Sie sich fragen, ob Sie noch Dinge sagen wie: «Es *muß* in den nächsten drei Monaten geschehen.» «Es *muß* sich auf diese Weise anfühlen.» «Es *muß* mir dieses oder jenes bringen.»

Sie haben eine Ausstrahlung, die anzeigt, daß Sie verfügbar sind und sich darüber freuen, wenn sich Ihnen andere Menschen nähern, statt einer Einstellung, die von anderen Menschen verlangt, gewaltige Hindernisse zu überwinden, um zu Ihnen zu kommen. Um diese Aussage zu überprüfen, sollten Sie sich fragen: «Bin ich optimistisch, oder habe ich resigniert? Bin ich vor lauter Vorfreude aufgeregt, oder bin ich deprimiert? Bin ich in der Stimmung zu flirten, oder versuche ich mich zu schützen?

✳ Wenn Sie in diesen Bereichen spiritueller Bereitschaft Probleme haben, sind Sie dann bereit, mit einem Gebet oder einer Meditation zu beginnen, deren Ziel die Hingabe ist? Zum Beispiel: «Ich vertraue meiner Seele und übergebe mich ihrer Weisheit, auf daß sie mir die Liebe bringen möge, die für mich richtig ist.» Auch Dankbarkeit hilft Ihnen, die aus gebrochenem Vertrauen entstandenen Verletzungen zu heilen und die Unfähigkeit, sich hinzugeben, aufzulösen. Wenn Sie Ihr Vertrauen stärken möchten, bedanken Sie sich am Anfang und am Ende eines jeden Tages für mindestens fünf Dinge. Es ist erstaunlich, wie Sie allein schon durch diese kleine Übung in einen Zustand spiritueller Bereitschaft versetzt werden.

Ehren Sie den Ort,
an dem Sie sich gerade befinden

Ganz gleich wo Sie sich auf der Ebene Ihrer emotionalen und spirituellen Bereitschaft auch bewegen mögen, sollten Sie immer den Ort ehren, an dem Sie sich gerade befinden. Denn an den Ort, an dem Sie genau in diesem Augenblick sind, sind Sie als Konsequenz aller Erfahrungen und aller Menschen gelangt, die seit Ihrer Geburt auf positive oder negative Weise auf Sie eingewirkt haben. Der jetzige Augenblick ist der wunderbare Höhepunkt all dessen, was bereits in das große Gefäß Ihres Lebens gegossen wurde. Alles, was Ihnen widerfahren ist, hat Sie auf den Menschen vorbereitet, der fähig ist, Sie jetzt zu lieben, der perfekt dafür geeignet ist, Sie auf Ihrem Weg zu begleiten und Ihnen zu helfen.

Verzweifeln Sie nicht, wenn Sie herausgefunden haben, daß Sie immer noch Angst haben, sich hinzugeben, oder daß Sie immer noch unter dem Tod Ihres Vaters leiden, denn höchstwahrscheinlich ist der Mensch, in den Sie sich verlieben werden, genau der richtige, um Ihnen bei der Lösung dieser Probleme zu helfen. Wenn Sie das wirklich verstanden haben, können Sie nicht nur auf die Liebe vertrauen, sondern auch sich selbst genau so akzeptieren, wie Sie jetzt sind.

Beurteilen Sie in diesem Augenblick nicht nur Ihre Bereitschaft zur Liebe, sondern nutzen Sie ihn auch, um sich selbst ganz anzunehmen, um sich selbst mit Ihrer eigenen unglaublichen Liebe und Akzeptanz zu umarmen. Sie sind ein wunderschöner Mensch; Sie haben es verdient, Ihre Liebe zu verschenken; Sie haben es verdient, auf wunderbare Weise geliebt zu werden. Wie sehr Sie sich selbst lieben, zeigt, wieviel Liebe Sie von anderen Menschen annehmen können.

Wo auch immer Sie sich auf Ihrem Weg zur Liebe gerade befinden mögen, was auch immer Sie an diesen Ort gebracht haben mag, ich wünsche Ihnen, daß Ihnen jetzt das größte Geschenk der Liebe gewährt werden möge: ein realer Mensch, den Sie lieben können und an dem Sie Freude haben werden.

Schlußwort:
Wer ist der richtige Partner für mich?

Nun, da Sie dieses Buch gelesen und einige der Hindernisse auf dem Weg zur Liebe beiseite geräumt haben, ist es sehr wahrscheinlich, daß tatsächlich eine wunderbare Liebe in Ihr Leben treten wird. Aber da viele von uns unsicher sind, ob sie die wahre Liebe auch erkennen werden, wenn sie auftaucht, gebe ich Ihnen im folgenden noch einige Richtlinien, anhand derer Sie Ihre potentielle Liebe einschätzen können.

Der «Richtige», der «Eine», die große Liebe Ihres Lebens ist vor allem der Mensch, der Ihre eine, absolut erforderliche Bedingung in Beziehungen, Ihre C.S.Q.N., erfüllt. Das bedeutet, daß der Mensch, den Sie in Betracht ziehen werden, diese eine Eigenschaft besitzen muß, die für Sie ohne jeden Zweifel für eine Beziehung absolut unerläßlich ist, ohne daß Sie erst an ihm arbeiten, ihn von Grund auf verändern oder auf irgendeine Weise umgestalten müssen. Dieser wunderbare Mensch wird also genau das verkörpern, auf das Sie so lange gewartet haben, nämlich Ihre C.S.Q.N. in Beziehungen, gleich ob es sich dabei um einen phantastischen intellektuellen Meinungsaustausch, um die emotionale Kommunikation, nach der Sie seit Jahren hungern, um eine besonders starke sexuelle Anziehung oder um spirituellen Tiefgang handelt.

Der gemeinsame Nenner

Der richtige Mensch wird aber nicht nur Ihre C.S.Q.N. erfüllen, sondern auch das mit Ihnen teilen, was ich als gemeinsamen Nenner bezeichne. Damit bezeichne ich die Wellenlänge, auf der Sie sich miteinander verständigen, die Brücke, die Sie beide als Paar miteinander verbindet. Der Mensch, der richtig für Sie ist – und das werden Sie schon ganz zu Anfang Ihrer Beziehung erkennen –, ist derjenige, mit dem Sie einen gemeinsamen Nenner haben, also Dinge teilen, über die Sie überhaupt nicht miteinander zu diskutieren brauchen, weil diese für Sie beide absolut selbstverständlich sind.

Für manche Paare ist dieser gemeinsame Nenner das Gespräch oder die Arbeit im Garten, für andere die Freude am Reisen oder die tiefe psychische Verbindung, die es möglich macht, sich ohne Worte zu verständigen. Bei einem mir bekannten Paar bestand er in der gemeinsamen Konzentration auf ihre sich ständig verändernden finanziellen Vorhaben, von denen beide völlig fasziniert waren und die Ihnen die materielle Sicherheit boten, durch die sich beide geliebt fühlten.

Einen gemeinsamen Nenner zu haben bedeutet, etwas ganz Wichtiges miteinander zu teilen; etwas zu haben, das Sie einander immer wieder nahe bringt, ganz gleich was sonst in Ihrer Beziehung vor sich gehen mag. Durch ihn werden Sie selbst dann, wenn Ihre Beziehung Veränderungen unterworfen ist, immer das Gefühl haben, geliebt zu werden und zu lieben. Der gemeinsame Nenner ist der Prüfstein Ihrer Beziehung.

Halten Sie gleich zu Beginn einer neuen Beziehung einen Augenblick lang inne, und beobachten Sie, wie Sie mit dem anderen Menschen umgehen. Worin besteht Ihr gemeinsamer Nenner? Sind es die Spaziergänge am Strand, die Besuche von Kunstausstellungen, die langen, zu Herzen gehenden Gespräche? Machen Ihnen beiden diese Aktivitäten Freude, und fühlen Sie sich beide durch sie erfüllt? Und vor allem: Fühlen Sie sich durch sie miteinander verbunden? Wenn in Ihrer gerade erst erblühenden Beziehung ernste Probleme aufgetaucht sind und Sie diese Aktivität wieder miteinander teilen, haben Sie dann das Gefühl, nach Hause gekommen zu sein und wieder zueinander gefunden zu haben?

Es mag schwierig sein herauszufinden, worin Ihr gemeinsamer Nenner besteht, besonders dann, wenn Sie keinen zu haben scheinen. Wenn Sie einen haben, wird er Ihnen sofort ins Auge fallen, aber wenn er fehlt, mag das der Grund dafür sein, warum Ihre Beziehung Sie irgendwie nicht so recht befriedigt. Es kann aber auch sein, daß sich der wahre gemeinsame Nenner noch nicht offenbart hat. Sollte das der Fall sein, schauen Sie sich die Bereiche an, in denen er entstehen könnte, und finden Sie heraus, ob Sie sich stärker miteinander verbunden fühlen, wenn Sie diesen Bereichen extra Energie und Zeit widmen. Sollte es auch dann nicht geschehen, mag es sein, daß Sie nicht genügend gemeinsame Interessen haben, um eine wirklich erfüllende Beziehung aufzubauen. Dann wäre es allerdings weiser, nach einer neuen Beziehung Ausschau zu halten.

Was, wenn es Probleme gibt?

Manchmal finden wir einen Menschen, der für uns richtig ist, haben mit ihm aber anfangs das eine oder andere Problem. Ich denke da an eine junge Frau, die sich Hals über Kopf in einen Mann verliebte, dem sie auf einem Workshop zum Thema «Emotionale Heilung» begegnet war. Er war gekommen, weil seine junge Frau ein paar Monate vorher gestorben war. Die beiden fühlten sich in der emotional offenen Atmosphäre des Workshops zueinander hingezogen und merkten bald, daß sie dabei waren, sich ineinander zu verlieben. Das war besonders für den Mann schokkierend, und es machte ihm Angst, da seit dem Tode seiner Frau erst ein paar Monate vergangen waren und er sich schuldig fühlte und glaubte, ihr untreu zu werden.

Als die beiden nach Hause zurückkehrten, versuchte der Mann sich aus der Beziehung zurückzuziehen, da sie, wie er meinte, seinen Prinzipien zuwiderlief. «Es kann nicht sein, daß ich mich verliebe», sagte er immer wieder zu sich selbst. «Das kann doch alles gar nicht wahr sein. Ich trauere doch. Das war nur ein verrücktes Erlebnis, und ich werde diese Gefühle unterdrücken, bevor sie mich noch mehr verwirren.»

Aber die junge Frau war sich bewußt, daß sich trotz der ungewöhnlichen Umstände eine tiefe Liebe zwischen ihnen entwickelte. Sie wußte, daß es hier nicht um vorübergehende Gefühle ging, und daß die wahre Liebe nur auf den richtigen Zeitpunkt wartete. Sie nahm ihn nicht beim Wort und gab nicht auf, an die Liebe zu glauben, die sich ihr offenbart hatte. In den nächsten Monaten hielt sie einfach den Kontakt aufrecht und zeigte ihm ständig, daß sie bereit für ihn war, während er seine Trauer allein verarbeitete. Schließlich erkannte er, daß er soweit war, wieder zu lieben, und daß die neue Beziehung in gewisser Weise den Segen seiner verstorbenen Frau hatte. Ihm wurde klar, daß sie nicht gewollt hätte, daß er allein bleibe und daß es ihm schlecht ginge, und daß die Frau, in die er sich nun verliebt hatte, auch seiner Frau gefallen hätte.

Wie diese wunderbare Geschichte zeigt, ist es in den Anfangsstadien einer Liebe manchmal notwendig, Geduld zu haben oder schwierige Phasen durchzustehen. Wenn der betreffende Mensch wirklich der richtige für Sie ist, werden Sie dies auch erkennen und Schwierigkeiten dieser Art bereitwillig auf sich nehmen. An dieser Stelle ist dann oft der Sprung ins Ungewisse notwendig.

Andererseits gibt es aber auch Probleme, die nicht gelöst werden können. Daher ist es wichtig, ein Gefühl dafür zu bekommen, wie lange es angebracht ist, an einer Beziehung «zu arbeiten». Es ist wahr, daß jede neue Liebe durch eine Zeit des Häutens und der Initiation geht, durch eine Phase, in der die Phantasien über Bord geworfen werden müssen, damit sich das wahre Wesen der Liebe enthüllen kann. Während dieser Zeit verändert sich sowohl Ihre Wahrnehmung des Menschen, den Sie lieben, als auch dessen, worum es in dieser Beziehung geht, mehrfach.

Manchmal werden Ihre Erwartungen durch Enthüllungen enttäuscht, die Ihnen zeigen, daß eine Liebe gar nicht das ist, wofür Sie sie hielten. Eine solche Enthüllung könnte darin bestehen, daß er sich als Drogensüchtiger herausstellt oder daß Sie herausfinden – ohne daß er es Ihnen mitgeteilt hätte –, daß er in einer anderen Stadt sechs Kinder hat, für die er Unterhalt zahlen muß.

Oft zerbrechen Beziehungen an solchen Enthüllungen, aber manchmal kann unser Wunsch, das irgendwie «hinzubiegen» genauso stark sein wie unser Wunsch, die Beziehung zu beenden. Bei solchen Gelegenheiten müssen Sie unbarmherzig realistisch sein, einmal nicht auf Ihr Herz hören und Ihrem Verbundenheitsgefühl nicht erlauben, die Situation zu beurteilen. Statt dessen sollten Sie sich realistisch anschauen, welche Folgen eine solche Enthüllung für Ihre weitere Beziehung haben wird.

Wenn Ihnen eine derartige Enthüllung gemacht wird, müssen Sie sofort den neuen Informationen entsprechend handeln, ganz gleich ob das bedeutet, gemeinsam eine Therapie zu beginnen, an einem der Zwölf-Schritte-Programme teilzunehmen oder sich auf der Stelle zu trennen. Es wäre klug, zu diesem Zeitpunkt bestimmte Grenzen festzulegen, wie: «Ich erwarte sichtbare Veränderungen oder Verbesserungen innerhalb von drei oder sechs Monaten!» Oder: «Ich bestehe darauf, daß wir gemeinsam eine Therapie beginnen, um herauszufinden, ob uns Unterstützung von außen helfen kann, denn ich möchte mich nicht mit meiner Enttäuschung abfinden und warten, bis daraus Wut geworden ist.»

Wenn Sie die Situation realistisch eingeschätzt, innerhalb des zeitlich begrenzten Rahmens abgewartet, vielleicht in der Therapie Einsichten gewonnen und dabei hoffentlich Veränderungen wahrgenommen haben, werden Sie im allgemeinen wissen, ob Ihre Beziehung lebensfähig ist oder nicht. Jede neue Beziehung besitzt ihre eigenen Initiationsriten und Kreuzwege, an denen sich die Liebe vertiefen und wachsen kann oder von Problemen erstickt wird. Sind Sie an einem solchen Kreuzweg angekommen, müssen Sie tief in Ihr eigenes Herz schauen und herausfinden, ob das betreffende Problem die Chance zu einem gemeinsamen Wachstum sein kann oder ob es das Ende Ihrer Beziehung markiert.

Ganz gleich ob in Ihrer Beziehung schmerzhafte Enthüllungen dieser Art auftauchen oder nicht, wird es doch immer kleinere Probleme geben, durch die Ihr Glaube und Ihre Geduld auf die Probe gestellt werden. Wenn Sie diese Prüfungen bestehen und die Momente des plötzlichen Wachstums und der Transformation meistern, können Sie tiefer in den glückseligen Zustand und damit auch in die eigentliche Arbeit der Liebe eintauchen. Dann werden Sie anfangen zu verstehen, daß Sie zusammengehören und merken, daß ein Wir-Gefühl entstanden ist.

Wenn Sie merken, daß Sie – zunächst kaum sichtbar, aber doch auf großartige und herrliche Weise – anfangen zu wachsen, so daß Sie davon selbst ganz überrascht, ja verblüfft sind, dann hat die Liebe wirklich ihr Mal auf Ihrer Seele hinterlassen. Wenn Sie lebendiger, selbstbewußter, achtsamer, empfänglicher, stärker, ausgeglichener oder liebenswürdiger geworden sind, sind das Zeichen der Liebe. Wenn Sie all dies bereits in der Anfangsphase einer Beziehung erleben, ist dies ein Hinweis darauf, daß im Verlauf Ihrer Beziehung noch weitere Veränderungen auf Sie zukommen werden.

Ein anderes Merkmal der wahren Liebe zeigt sich darin, daß Sie sich nicht nur im Glanz der Geschenke Ihres Partners sonnen, sondern selbst liebevoller werden und von sich aus Geschenke machen, indem Sie andere Menschen loben, sie ermutigen, trösten, bewundern und unterstützen. Die wahre Liebe macht aus uns wahrhaftig Liebende, denn durch sie werden wir großzügiger, entgegenkommender und gütiger. Wenn Sie also in einer bestimmten Beziehung entdecken, daß Sie mehr von sich preisgeben, daß Sie großmütiger werden und andere nicht mehr so streng beurteilen, dann haben Sie wahrscheinlich den Menschen gefunden, der für Sie genau richtig ist.

Sie werden die wahre Liebe an den Veränderungen erkennen können, die in Ihnen selbst vorgehen, ganz gleich ob es sich dabei um die Entwicklung Ihres Charakters handelt oder darum, Ihre vielen verschiedenen Aspekte zu einem einheitlichen Ganzen zusammenzufügen oder darum zu lernen, Ihre Liebe besser auszudrücken. Diese

Veränderungen sind die Unterschrift der Liebe auf der Tafel Ihrer Seele.

Sie werden in Ihrem tiefsten Inneren immer wissen, wann Ihnen die wahre Liebe zuteil geworden ist. Denn der «Richtige» ist immer der Mensch, bei dem Sie am meisten, am stärksten und am ehrlichsten Sie selbst sind – und bei dem Sie am glücklichsten darüber sind. Er wird Ihnen das Gefühl geben, geliebt zu werden und liebevoll, glücklich und voller Freude zu sein. Es wird ein geheimnisvolles Erkennen stattfinden, und Sie werden ein tiefes, unerschütterliches Gefühl spüren, daß Sie den richtigen Menschen gefunden haben. Ihr Körper wird sich lebendig und ganz fühlen, und unabhängig davon, worin die Fehler oder Eigenarten des anderen auch bestehen mögen, so werden Sie doch Tag für Tag, Jahr um Jahr das nie vergehende Gefühl haben, daß alles genau so richtig ist, wie es ist.

Dank

Dieses Buch hätte nicht ohne die viele Liebe in meinem Leben entstehen können. Mein tief empfundener Dank gilt all denen, die für mich immer einen Platz in ihrem Herzen freihalten: Chris, Victor, Sunta, Wink, Mary Jane und Don.

Mein besonderer Dank gilt auch Kerry, die mir trotz meiner Abneigung gegen das C-Wort Kraft gibt; Mary Ann Stephenson, die dem Licht der Lampe folgt (und sie hält); und F. X. Feeney dafür, daß er immer noch da ist.

Ein von Herzen kommendes Dankeschön auch an Kym Rousseau für ihre strahlende Hilfsbereitschaft und ihre freudige Unterstützung und an Laura Madsen dafür, daß sie eine so intelligente und fröhliche Komplizin war.

Ich bin den großartigen Menschen von Conari Press immer zu Dank verpflichtet, besonders Will Glennon, der mir meinen Weg frei gemacht und mir viele Hindernisse beiseite geräumt hat, und Mary Jane Ryan für ihr erstaunliches Durchhaltevermögen. Meinen besten Dank auch an Emily für ihr elegantes Einfühlungsvermögen, an Erin für ihre strahlende Energie und Güte, an Suzanne für ihre Integrität, an Brenda für ihre wissende

Intuition, an Jennifer für ihr Lachen, an Claudia für ihre Liebenswürdigkeit, an Ame für ihre Feinheit und an Laura für ihre lieben Segnungen. Dieses Netz der Fürsorglichkeit wäre ohne die großartige männliche Energie von David, Everton, Rally und Tom nicht vollkommen. Ich danke euch allen; ihr seid ein Segen für mein Leben.

Schließlich gilt mein tief empfundener Dank wie immer Yvan für seine mutige und beständige Liebe.